W0390596

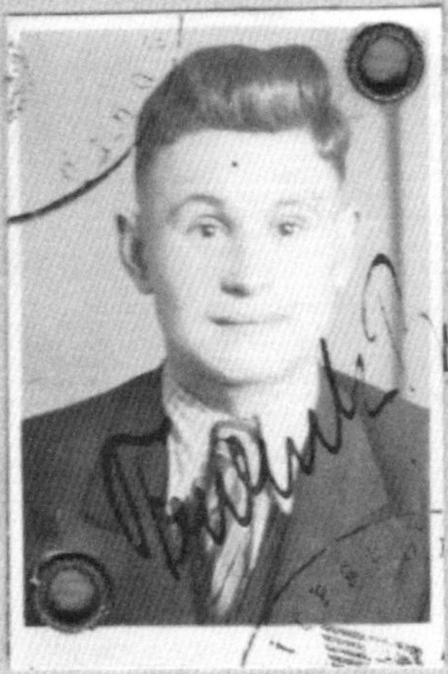

(Eigenhändige Unterschrift des Inhabers — Rufname, Familienname)

Paula Banholzer *So viel wie eine Liebe*

Paula Banholzer

So viel wie eine Liebe

Ungeordnetes Verhältnis
mit Bert Brecht

Erinnerungen und
Gespräche

Langen*Müller*

MIX
Papier aus verantwortungsvollen Quellen
FSC® C014496

Um die Authentizität des Textes zu wahren, wurde bei dieser Neuauflage die alte Rechtschreibung beibehalten.

© 2016 Langen*Müller* in der
F. A. Herbig Verlagsbuchhandlung GmbH, München
Alle Rechte vorbehalten
Überarbeitete Neuauflage des 1981 im Universitas Verlag erschienenen Bandes *So viel wie eine Liebe. Der unbekannte Brecht*
Herausgegeben von Axel Poldner
Umschlaggestaltung: Wolfgang Heinzel
Vor- und Nachsatz: Aus dem Wehrpass von Frank Banholzer
(Archiv Axel Poldner)
Satz: Buch-Werkstatt GmbH, Bad Aibling
Gesetzt aus: 12,4/16 pt Adobe Garamond
Druck und Binden: GGP Media GmbH, Pößneck
Printed in Germany
ISBN 978-3-7844-3395-0

Auch als ebook

www.langen-mueller-verlag.de

Es ist schön zu sehen, wie die Bi spielt:
ganz menschlich, ganz einfach.
Eine Königin, das ist eine Königin,
ein Erschrecken, das ist ein Erschrecken,
und die Bi, das ist die Bi.

Bi dagegen höre ich gern:
Ich weiß, wie sie ist,
und sie tut nichts zu den Dingen hinzu.

Bert Brecht

*(*10. Februar 1898 in Augsburg, † 14. August 1956 in Ost-Berlin)*

Brecht hat viele Frauen gehabt,
geliebt hat er aber nur die Bi.

Helene Weigel

*(*12. Mai 1900 in Wien, † 6. Mai 1971 in Ost-Berlin)*

Inhalt

… fast ein Vorwort

Meinen Beitrag zu diesem Buch könnte ich auch mit dem Titel *Bidi und ich* versehen.
Bi – das war die Abkürzung eines Kosenamens, den Brecht mir gab: »Bittersüß«.
Bidi – so bezeichnete er sich selbst, wenn er von uns sprach. Von Bi und Bidi.
Er hat mir aber nie verraten, welches Wort oder welche Worte sich in dieser Abkürzung finden. Meine Erinnerungen an meine Zeit mit Bert Brecht veröffentliche ich erstmals in diesem Buch.
Dabei bin ich lange unschlüssig gewesen, ob ich von und über diese Zeit erzähle und schreiben lasse oder es selbst aufzeichne. Sicherlich wäre es einfacher gewesen, wenn ich berichtet und ein geübter Autor notiert und geschrieben hätte.
Wenn ich mich trotzdem nicht für diesen ohne jede Frage einfacheren und für mich unkomplizierteren Weg entscheiden konnte, so liegt das am Thema.
Ich befürchtete einfach, daß durch einen geübten Schreiber ein Filter wirksam würde und die Erlebnisse und Begegnungen – mein Leben mit Brecht –

nicht die Wirklichkeitsnähe haben könnten, die einfach notwendig ist.
So möchte ich jetzt auch sagen dürfen, daß ich weder vor noch nach diesen Aufzeichnungen schriftstellerische Ambitionen hatte oder haben werde.
Was hier vielleicht an literarischer Qualität verlorengeht, wird an unverfälschter Darstellung und Nähe gewonnen.

I

Bert Brecht. Ein Name, der um die Welt gegangen ist und der um die Welt gehen wird.
Als ich ihn kennenlernte, da war er noch der Eugen Berthold oder der Berthold Eugen, wie er seine ersten Pressebeiträge und schriftstellerischen Arbeiten zeichnete, oder einfach der Brecht. Erst später korrigierte er seinen Vornamen: Er nannte sich dann Bertolt oder Bert.
Im Frühling des Jahres 1916 war ich fünfzehn Jahre alt. Es war nicht nur ein schöner, bewegter Frühling, sondern auch ein bewegtes Jahr, an das ich mich besonders häufig erinnere. Der Erste Weltkrieg dauerte nun schon zwei Jahre.
Bis auf die immer schwieriger werdende Versorgung und Verknappung selbst alltäglicher Gebrauchsdinge spürten wir in Augsburg freilich noch wenig davon.
An einem schönen Sonnentage dieses Frühlings fiel mir plötzlich auf, daß mir täglich auf dem Weg zur Schule zwei Gymnasiasten begegneten, die anfingen, mich zu grüßen und mich dann auf meinem Weg verfolgten.
Das bemerkten auch meine Klassenkameradinnen, und es sprach sich schnell in meiner Schule – der Maria-Theresia-Schule – herum, daß man mich nur begleiten müsse, um etwas »zu erleben«. Mir war das

unangenehm, peinlich und lästig. Aber was half's. Ich wurde noch mehr beobachtet als vorher.
Die »Erlebnisse«, von denen in der Schule gesprochen wurde, hielten sich allerdings in engen Grenzen. Es blieb beim Gruß der beiden jungen Leute und bei der Verfolgung. Meine Schüchternheit und meine mir angediehene Erziehung erlaubten es ohnehin nicht, die Blicke der Gymnasiasten zu erwidern.
Für mich war es aber doch, wenn ich das so sagen kann, ein erstes Frühlingserwachen, das ich sehr schön fand, denn so viel »Eva« war ich bereits, daß ich ein leises, angenehmes Prickeln empfand.
Die Mitschülerinnen, die mich auf dem Weg zu und von der Schule begleiteten, wechselten natürlich, weil sich die Vorgänge nahezu stereotyp wiederholten, aber es waren doch zwei Klassenkameradinnen, die sich mir besonders und immer häufiger anschlossen: Erna Werrenrath und Maria Keppler.
Wir gingen dann gemeinsam auch andere Wege. Bei unseren Streifzügen durch die Stadt verlor Maria Keppler ihr goldenes Armband. Unsere Verfolger hatten natürlich rasch auch unsere anderen Wege erkundet und saßen uns auch hier auf den Fersen. Das Armband war ihren sorgfältigen Blicken nicht entgangen. Sie fanden es und hatten endlich die Gelegenheit, uns auf der Straße anzusprechen.
Sie stellten sich vor, schwenkten das Armband wie

ein Faustpfand triumphierend in der Hand und sprachen von einem Finderlohn, der nun anstünde. Wir blieben stehen und waren zunächst sprachlos. Dann blieb uns aber nichts anderes übrig, als zu fragen, welcher Finderlohn gewünscht sei.

Kühn und selbstbewußt sagte der eine Gymnasiast, Otto Müller-Eisert, der sich später »Müllereisert« nannte, daß er mich heimbegleiten wolle. Otto war ein ansehnlicher und schöner junger Mann, aber ich hatte trotzdem keine Lust, dem Angebot Folge zu leisten. Und schnell fiel mir auch ein, daß ja nicht ich das Armband, sondern die Maria es verloren hatte.

So stimmte ich scheinbar desinteressiert zu und erwähnte nebenbei, daß Maria den Finderlohn bezahlen müsse, da ihr das Armband gehöre und sie es auch verloren habe. Das war dem Otto entgangen, sonst hätte er vielleicht anders reagiert; aber er bestand trotzdem darauf, mich heimzubegleiten.

Was nun? Auf der Straße mit den Jungen konnten wir nicht stehenbleiben. Also machten wir – wie abgesprochen und auf Kommando – auf der Stelle kehrt und ließen zwei verdutzte junge Männer zurück, die wie geistesabwesend stehenblieben und das Armband in der Hand hielten. Vor weiterer Verfolgung waren wir an diesem Tage sicher.

Aber Otto Müller-Eisert ließ nicht locker. Ein paar Tage später versuchte er wieder, mich auf der Straße zu treffen. Nachdem er mich einige Zeit verfolgt hatte, sprach er mich schließlich in der Frölichstraße, in der Nähe des Augsburger Hauptbahnhofes, an.
Während wir miteinander redeten, ging auf der anderen Straßenseite ein mir völlig unbekannter Gymnasiast vorbei. Ich muß dazu bemerken, daß man Gymnasiasten meist an der Kleidung erkennen konnte; sie hatten – wie beispielsweise auch die Mitglieder von Studentenverbindungen – so etwas wie eine Uniform an. Der junge Mann auf der anderen Straßenseite ging immer langsamer, je mehr er mit uns auf gleiche Höhe kam.
Dann blieb er stehen und gab Otto mehrere Handzeichen, die ich mit »komm' doch mal rüber« oder so ähnlich zu deuten versuchte. Und tatsächlich, Otto entschuldigte sich einen Moment, ging auf die andere Straßenseite und sprach mit dem stehengebliebenen anderen. Als er wieder zu mir kam – seltsamerweise war ich stehengeblieben und wartete –, schien er ein wenig verändert; er bestand nicht mehr auf der Begleitung, verabschiedete sich rasch und verschwand.
Der junge Mann auf der anderen Straßenseite war Bert Brecht. Er war damals schon mit Otto Müller-Eisert bekannt, seit dem Tage aber datierte die enge Freundschaft zwischen beiden.

Später erzählte mir Brecht einmal den Inhalt ihres Gespräches. Er habe sich bei dem über die Straße geeilten Otto erkundigt, wer ich sei, und habe ihm unmißverständlich klargemacht, daß er nicht wünsche und nicht möchte, daß er sich weiter mit mir unterhalte oder mich verfolge, denn das Mädchen sei genau das, was er haben wolle. Typisch Brecht – bin ich versucht, aus meiner heutigen Sicht zu sagen.

Von diesem Tage an begegnete mir Brecht täglich. Zufällig führte sein Weg zum Realgymnasium an der Blauen Kappe an meiner Wohnung vorbei. Das vereinfachte die Geschichte für ihn. Ganz geschickt paßte er immer den Moment ab, wo ich mein Haus verließ. Wie unabsichtlich schlenderte er dann hinter mir drein.

Manchmal ging er auch an mir vorbei, überholte mich, lüftete etwas verlegen seine Sportmütze, ohne ein Wort zu sagen, oder nestelte an seinem Hals, den er hin- und herreckte.

Das war für mich ein lustiges Bild. Es war mir dabei zum Lachen zumute, aber ich ließ mir nichts anmerken, um ihm nicht den Grund für ein Gespräch zu liefern.

Zugleich bewunderte ich seine Hartnäckigkeit; eine Eigenschaft, die ihm sein ganzes Leben lang erhalten blieb. Trotzdem empfand ich weder Sympathie noch Interesse für ihn. Er war weder fesch, noch sah er gut aus und besaß auch – wie ich zu beobachten glaubte – keine anderen Eigenschaften, die mich angezogen hätten.

Also ließ ich ihn »links liegen«.

Das bemerkte Brecht, und er fühlte auch, daß mein Desinteresse durchaus nicht nur gespielt war. Doch das hielt ihn nicht davon ab, andere Möglichkeiten zu erkunden, um mich zu sehen. So beobachtete er sorgfältig, ausdauernd und mit einer ausgeklügelten Systematik meine anderen Wege. Das erlaubte es ihm bald, seine »Einsätze« zu vermehren. Er kannte jetzt alle Wege, die ich außer dem Schulweg regelmäßig zu gehen hatte. Da war die Klavierstunde, da war der Tanzunterricht.

Und ich wußte schon jeweils vor dem Verlassen unserer Wohnung, wer mein Begleiter mit Abstand sein würde.

So war es dann auch ohne jede Ausnahme.

Bei seiner Beobachtungsgabe und seiner Hartnäckigkeit blieb ihm natürlich nicht verborgen, daß auch andere Schüler steigendes Interesse daran zeigten, mich kennenzulernen.

Trotzdem brachte er es nicht fertig, mich anzusprechen.

Schließlich handelte er, indem er seinen Freund Heini Hagg, dessen Vater mit Brechts Vater befreundet war, in seine Pläne einweihte und einspannte. Das schien ihm der ungefährlichste Weg zu sein, denn Hagg war von der Natur etwas stiefmütterlich behandelt worden, wie ich meinte, und Brecht konnte davon ausgehen, daß Hagg überhaupt keine Chancen bei mir haben würde. Endlich hatte er also einen Vorwand, mich anzusprechen.

Bei einem meiner regelmäßigen Wege überholte er mich zögernd und blieb mit leicht blassem Gesicht vor mir stehen.

Dann nahm er seine Mütze ab, räusperte sich, um den Hals freizubekommen, und rang trotzdem nach Worten. Nach einigen Sekunden gelangen ihm die ersten Formulierungen. Er wolle im Auftrag seines Freundes Heini Hagg fragen, ob dieser nicht einmal mit mir spazierengehen dürfe.

Mein Nein kam rasch.

Doch darauf war Brecht ja vorbereitet, und das war auch ganz in seinem Sinne. Jetzt hatte er nämlich die Möglichkeit, die Unterhaltung mit mir fortzusetzen. Nach den ersten Unebenheiten sprach er jetzt deutlich und klar und bekam auch wieder etwas Gesichtsfarbe. Bald hatte er sich unter Kontrolle und formulierte seine Sätze so, daß ich gar nicht mehr zu Wort kam. Er überrumpelte mich ganz einfach. Nun war ich selbst immer noch zu schüchtern, um ihm energisch das Wort abzuschneiden, was bei einem im Redefluß befindlichen Brecht ohnedies schwer gewesen wäre. Aber ich machte auch keine derartigen Versuche. Trotzdem setzte ich langsam

meinen Weg fort, wobei Brecht neben mir herging und sich genau meinem Tempo anglich.
Ich kann nicht mehr sagen, ob ich nun drei oder fünf Worte auf dem ganzen Weg gesagt habe. Mehr aber bestimmt nicht. Und diese Worte waren auch nicht dazu angetan, ihn zu weiterer Verfolgung oder Begleitung zu inspirieren.
Ich kannte Brecht damals noch nicht, sonst hätte ich wissen müssen, daß ihn nichts von seinen Ziel abbringen konnte.
Jedenfalls fühlte er sich im Recht, mich von nun an immer zu grüßen und zu begleiten. Es ist mir noch heute ein Rätsel, wie er so viel Wartezeit in Kauf nahm, denn nach wie vor verabredete ich mich nicht mit ihm. Wenn ich dann auftauchte und er mich sah, war er ganz glücklich.

Noch immer war ich von seiner Gegenwart keineswegs begeistert. Und ich wich ihm auch aus, sooft und wie immer ich konnte.
Ich wagte es trotzdem nicht, ihm klipp und klar zu sagen, daß mir durchaus wohler wäre, wenn er nicht immer meinen Weg kreuzen würde. Wie Brecht darauf reagiert hätte, kann ich nicht einmal ahnen, aber ich neige dazu, anzunehmen, daß auch meine Worte ihn nicht von seiner Zielsetzung abgebracht hätten.

Die Jahreszeiten vergingen, und es kam der Winter, der uns eine einmalige Gelegenheit bot: das Eislaufen. Hierbei war Paarlauf gestattet; jetzt konnten wir uns mit den Gymnasiasten auf dem Eis vergnügen, ohne Rügen der Professoren fürchten zu müssen.
Und weder die Tücken des Eislaufes noch die Kälte konnten den unsportlichen Brecht davon abhalten, mir auch auf dem Eisplatz nachzustellen. Kurzerhand lernte er das Schlittschuhlaufen, und gleichzeitig dachte er sich einen Trick aus, wie er das Eintrittsgeld sparen könne.
Es gab zwei verschiedene Eintrittskarten und damit zwei verschiedene Möglichkeiten zum Eislaufen. Es gab die Tageskarte, die damals fünf Pfennig kostete – wir nannten das daher das »Fünfereis«. Diese Karte berechtigte, auf einem Teil des Eises zu laufen, auf dem alle laufen mußten, die sich eine solche Karte kauften.
Dann gab es ein Abonnement für fünf Mark. Das leisteten sich vor allem damals die sogenannten »höheren Töchter«. Und diese Eisfläche war unüberwindbar von der Fünfereisfläche getrennt.
Brecht bemerkte bei seiner Beobachtungsgabe rasch, daß der Pförtner unseres Eises oftmals nicht nach den Abonnementskarten fragte, sondern häufig die Gäste nur grüßte und aufs Eis ließ. Dem wollte er auf den Grund gehen. Vielleicht lag hier der Schlüssel zum freien Eintritt.

Er besorgte sich also von einem Freund die Abonnementskarte, zeigte diese Karte artig dem Pförtner und verwickelte ihn in ein längeres Gespräch. Brecht erklärte, daß er es doch sehr beachtlich fände, wie der Pförtner so sicher seine Kunden kenne. Und dieser gestand ihm redselig, daß man jedem einzelnen Menschen sofort anmerke, ob er ein Abonnent sei oder nicht. Wer sich ihm zögernd und verlegen nähere, der habe ein schlechtes Gewissen und also keine Karte. Wer entschlossen auf ihn zuginge, der besitze auch eine Karte, die der Pförtner dann nicht mehr zu sehen wünsche. So war das also. Und Brecht setzte die Geschichte für sich um. Er gab die Karte seinem Freund zurück und näherte sich fortan entschlossen und fröhlich grüßend dem Pförtner. Nie mehr wurde er nach seiner Eintrittskarte gefragt. Und er war auf dem Eis, das ich vorzog.

Von nun an suchte er mich auf dem Eis. Aber ich entwischte ihm meist, und andere waren schneller als er. Denn wenn ich auch davon sprach, daß er Eislaufen lernte, so konnte man doch nicht behaupten, daß er dabei eine gewisse Meisterschaft erreichte. Seine Unsportlichkeit verwies ihn in enge Schranken. Die schnelleren Läufer forderten mich also zum Paarlauf auf, und Brecht kam immer zu spät.
Auch hier sann er rasch auf Abhilfe. Wozu kannte er schließlich meine Wege? Also lauerte er mir schon

auf meinem Weg zum Eisplatz auf, und gemeinsam mit mir betrat er dann die Eisfläche. Der Paarlauf mit ihm konnte beginnen.
Nach wie vor aber entwischte ich ihm oft genug, meist mit Hilfe meiner Klassenkameradinnen.
Immer dann, wenn ich ihm entwischt war, signalisierten mir diese, wo Brecht sich gerade befand, und ich konnte ungestört am anderen Ende Schlittschuhlaufen.

Brecht besuchte damals die neunte Klasse des Realgymnasiums an der Blauen Kappe, und ich war in der fünften Klasse der Maria-Theresia-Schule.

Mit diesen und ähnlichen Späßen und Verfolgungen ging der Winter vorüber, und der Frühling des Jahres 1917 brach an. Immer noch war es Brecht nicht gelungen, ein Rendezvous mit mir zu vereinbaren. Aber er wollte mich natürlich allein sehen und allein treffen. Die zufälligen Begegnungen, meist noch im Beisein anderer Schüler, war er leid.
Und wieder mußte sein Freund Heini Hagg herhalten. Er wurde beauftragt, mich anzusprechen. Hagg tat das natürlich und fragte mit gespieltem Interesse, ob er sich nicht einmal mit mir verabreden könne.
Auch hier war mein Nein mit eingeplant. Heini spulte also den vorher von Brecht vorgegebenen und von ihm auswendig gelernten Text weiter ab. Wenn

das nicht ginge, so meinte er, könne man vielleicht mit Brecht gemeinsam spazierengehen. Dem stimmte ich zu.

Zu der verabredeten Zeit und zum vereinbarten Treffpunkt erschien Brecht allein und entschuldigte umständlich seinen Freund Heini. Er hatte seinen Spaziergang erreicht und genoß den Sieg. Und es blieb nicht bei diesem einen Spaziergang. Brecht schaffte es, sich wieder mit mir zu verabreden, und verstand es jedesmal, wieder Gründe für einen Spaziergang zu finden, die mir durchaus einleuchteten.

Wir streiften dabei meistens durch die Lechauen. Das war Brechts Lieblingsaufenthalt. Es freute ihn, wenn der Wind uns fast den Atem nahm. Er sprach von seinen Zukunftsplänen, las mir hin und wieder etwas aus seinen Arbeiten vor oder schenkte mir ein kleines, von ihm verfaßtes Gedicht. Langsam fing ich an, Gefallen an ihm zu finden, und war beeindruckt von seinem Wissen und Können.

So blieb es nicht aus, daß wir in dieser Zeit unsere Schularbeiten stark vernachlässigten, denn die Spaziergänge wurden in immer kürzeren Abständen vereinbart. Als ich einmal die Einladung zu einem Spaziergang ablehnen wollte, weil ich unbedingt am gleichen Tage noch einen Aufsatz schreiben müsse, war mir Brecht sofort behilflich. Er bot mir an, die-

sen Aufsatz für mich zu schreiben und ihn mir nach dem Spaziergang noch am Abend vorbeizubringen, wo ich dann immer noch genügend Zeit hätte, alles ins Reine zu schreiben. Da ich inzwischen viel zu gern mit ihm spazierenging, nahm ich das Angebot begeistert an.
Brecht kam dann auch am Abend wie versprochen und verabredet und brachte mir den Aufsatz. Die Zeit war aber trotzdem schon fortgeschritten, und ich schrieb den Aufsatz ohne große Überlegung ab. In der Schule bekam ich eine Vier dafür.
Der Professor zögerte bei der Rückgabe des Aufsatzes an mich, schaute mich über seine Lesebrille lange an und schwang sich zu der Bemerkung auf, ob ich denn den Verstand verloren hätte. Ein so wirres Zeug habe er in seinem ganzen Leben noch nicht gelesen. Ich gab keine Erklärung ab, sondern nahm schweigend und betroffen aus der Hand des Professors, der immer noch heftig kopfschüttelnd nach vorn zu seiner Tafel ging, den Aufsatz zurück.

So verging ein schöner Sommer, der angefüllt war mit viel Bewegung in frischer Luft und faszinierenden Gesprächen, wobei ich mich meist mit der Rolle der Zuhörerin begnügte.
An einem windigen Herbsttag sprangen wir wie zwei ausgelassene Kinder in den Lechauen herum. Plötzlich versuchte Brecht mich zu küssen. Über diesen

Versuch war ich so entsetzt, daß ich ihm auf der Stelle davonlief und mich ein paar Tage nicht mehr sehen ließ. Ich brachte es sogar fertig, mit anzusehen, wie er vor meinem Fenster auf und ab ging.
Umsonst drang sein zwischen uns verabredeter Pfiff zu mir in den ersten Stock unseres Hauses. Wie lange das noch gedauert hätte, weiß ich nicht. Nach ein paar Tagen tat er mir dann doch leid, und ich erlöste ihn von seiner vergeblichen Wachparade. Als wieder sein Pfiff ertönte, ging ich zu ihm auf die Straße und begrüßte ihn, als sei nichts gewesen.
Das alles aber mußte trotzdem heimlich vor sich gehen, denn meine Eltern verboten mir strengstens den Umgang mit diesem »verrückten« Menschen.

Er wagte es lange nicht mehr, mich zu küssen, aber er fing immer deutlicher von Liebe zu sprechen an. Zu dieser Zeit brachte er mir auch fast allabendlich ein Ständchen.
Dazu hatte er zwei weitere Freunde engagiert. Otto Bezold, der spätere bayerische Staatsminister, hielt artig einen Lampion in seiner Hand; Brecht spielte Gitarre und Georg Pflanzelt begleitete auf der Violine. Vielleicht hätte Bezold auch lieber ein Instrument gespielt, aber er wurde als Lampionträger eingeteilt und versuchte, die Sache auszugleichen, indem er mit unüberhörbarer Stimme sang.
Alle drei trugen mir die neuesten Songs vor, die Tex-

te natürlich von Brecht selbst, und die Melodie von Pflanzelt, machmal auch von Brecht.
Mir gefielen diese Ständchen sehr, und ich hatte viel Freude daran. Unserem Hausmeister gefielen sie jedoch weniger, und er machte Ärger.
So oft er nur konnte, jagte er die drei davon. Seltsamerweise gefielen diese Aktionen der jungen Leute meinen Eltern, und ich ertappte sie sogar öfter dabei, wie sie mit gespitzten Ohren lauschten und den Kopf fast unmerklich, aber wohlgefällig im Takt wiegten. Da gab es beispielsweise auch ein Brecht-Lied, in dem der von mir eben genannte Lampion erwähnt wird.

Jetzt wachen nur noch Mond und Katz,
Die Mädchen alle schlafen schon,
Da trottet übern Rathausplatz
Bert Brecht mit seinem Lampion.

Wenn schon der junge Mai erwacht,
Die Blüten sprossen für und für,
Dann taumelt trunken durch die Nacht
Bert Brecht mit seinem Klampfentier.

Und wenn ihr einst in Frieden ruht,
Beseligt ganz von Himmelslohn,
Dann stolpert durch die Höllenglut
Bert Brecht mit seinem Lampion.

Trotzdem hatte ich noch lange keinen Freibrief für künftige Rendezvous mit Brecht, was ich mir insgeheim erhofft hatte. Seine Meinung über Brecht änderte mein Vater nicht.

Der kommende Winter gehörte wieder dem Eisplatz. Als ich einmal, ohne mich mit Brecht zu verabreden, zu einer ungewöhnlichen Zeit zum Eisplatz kam, sah ich Brecht allein auf dem Eis laufen und dabei ein Buch lesen. Wahrscheinlich nutzte er eine Pause des nahegelegenen Realgymnasiums. Er vervollkommnete auf diese Weise seinen Schlittschuhlauf und bildete sich zugleich weiter.

Im darauffolgenden Frühling sahen wir uns weniger, weil Brecht sein Abitur machte. Um so mehr fanden wir uns dann zusammen, als er es glücklich hinter sich hatte.

Gleich nach dem Abitur, an einem Sonntagnachmittag, stand Brecht vor dem Fenster meines im ersten Stock gelegenen Zimmers. Er stand auf dem Gehsteig der Straße, und ich beugte mich zum Fenster hinaus. Da ich keine Erlaubnis bekam, die Wohnung zu verlassen, mußten wir uns mit dieser Unterhaltung begnügen. Allmählich wurde es für ihn unbequem, denn sein Hals wurde vom ständigen nach oben Starren steif. Da er aber trotzdem nicht auf unsere Unterhaltung und meine Gegenwart verzichten

wollte, hatte er wieder einmal eine seiner ausgefallenen Ideen.
Er zog den Mantel aus, legte ihn auf den Gehsteig und glättete ihn sorgfältig. Dann legte er sich auf den Mantel, verschränkte beide Arme hinter dem Kopf, grinste über das ganze Gesicht und fand es herrlich, nichts zu sehen als mich und den blauen Himmel. Die Menschen, die in einem Bogen um ihn herumgingen, den Kopf schüttelten oder verwunderte Bemerkungen machten, ignorierte er völlig. Als ob er sich in dieser Lage wohl fühlte, setzte er die Unterhaltung lange fort. Ich hatte dabei oft das Bedürfnis zu lachen, wenn er beispielsweise nur wenig seine Stellung wechselte oder die Beine anders legte, verkniff es mir aber.
Inzwischen war er übrigens der einzige junge Mann unter allen meinen Bekannten, der keinen Hut trug. Seinen Wald von Haaren hatte er aus der Stirn gekämmt und den Haaransatz abrasiert, damit seine Stirn höher schien. Auf den Fotos seiner Jugendjahre fällt einem das auf.

Nun – das war seine Art von Eitelkeit, denn sonst hat er nicht viel Aufhebens von sich gemacht. Man kann eher sagen, daß er seine Kleidung geradezu vernachlässigte.
Im Winter trug er manchmal einen Strohhut, das sogenannte »steife Brett«. Das gefiel mir gar nicht,

und ich weigerte mich standhaft, weiter so mit ihm spazierenzugehen. Eine solche Entschlossenheit war ihm bei mir sehr fremd, denn ich war immer großzügig und hatte viel Humor. War es nun meine entschlossen vorgetragene Bitte oder sein Humor – ich weiß es nicht: Jedenfalls warf er den Hut kurz entschlossen in den Lech und beobachtete mit genußvoller Miene, wie er langsam unterging. Dann setzte er seinen Weg mit mir fort, ohne auch nur ein Wort über den Hut zu verlieren.

Er hatte an diesem Tag ohnehin ein anderes Thema gewählt. Plötzlich blieb er an einem Baum stehen und berichtete mir freudestrahlend, daß er nun genau und für immer wisse, wie man Hände, deren Fingernägel einen Trauerrand zeigen, wunderbar sauber bekäme.

Man müsse – er hob seinen Zeigefinger – die Hände nur zweimal unmittelbar hintereinander waschen. Triumphierend schwenkte er mit der rechten Hand nach unten, als wolle er den ersten Waschvorgang als Trockenübung vorführen.

Als ich ihm dann aber sagte, daß das wohl nichts Besonderes sei, schaute er mich so traurig an wie ein Kind, dem man das Spielzeug weggenommen hat.

Auf das Thema »Händewaschen« kamen wir nie mehr zu sprechen.

Dann kam der Plärrer, das Augsburger Volksfest. Brecht liebte den Plärrer, überhaupt Volksfeste, bei-

spielsweise auch die Auer Dult in München, vom Oktoberfest ganz zu schweigen.
Brecht konnte stundenlang wortlos den Karussells zusehen oder vor Buden stehen. Er hatte auch persönliche Beziehungen zu einzelnen Schaustellern und Schaubudenbesitzern, und ich merkte deutlich, daß er diesen Menschen eine besondere Sympathie entgegenbrachte.
Wir vergnügten uns meist auf der Schiffschaukel und schaukelten hinauf bis unter das Zeltdach. Das war dann manchmal zuviel für Brecht, der körperlich nicht in bester Verfassung war.

II

Inzwischen hatte auch ich meine Schulzeit beendet. Brecht studierte Philosophie an der Universität in München. Jetzt sahen wir uns nur mehr an den Wochenenden und in den Semesterferien. Wenn er dann nach Augsburg kam, trafen wir uns auch in seinem Haus in der Bleichstraße 2, das über ein Stockwerk und einen ausgebauten Giebel verfügte. Dieses Haus steht übrigens heute noch. Brecht hatte sein Schlafzimmer nicht in der elterlichen Wohnung, sondern in eben diesem Giebel, die Mansarde, die außer ihm niemand bewohnte. Sein Vater hatte sich vom einfachen Angestellten zum Direktor der Papierfabrik

Haindl in Augsburg hochgearbeitet. Und nachdem bei der Familie Brecht ein gewisser Wohlstand eingekehrt war, zog man innerhalb Augsburgs von der Straße Bei den sieben Kindeln 1 – wo übrigens sein Bruder Walter geboren wurde – zur Bleichstraße 2. Brecht selbst wurde in Augsburg Auf dem Rain Nr. 7 geboren.

Doch zurück zur Bleichstraße. Hier bewohnte Brecht das obere Stockwerk, und hier trafen wir uns immer häufiger. Er bat mich jetzt meist, ihn zu besuchen, da wir auf der Straße nicht gesehen werden wollten. Noch immer verboten mir meine Eltern den Umgang mit ihm. Sie waren nach wie vor der Ansicht, daß ein schlechter Einfluß von ihm ausginge. Ich selbst sträubte mich lange, sein Zimmer zu betreten, aber schließlich sah ich dann doch ein, wieviel bequemer es war, wenn wir uns dort trafen. Vor allem konnten wir uns dann auch bei Regen sehen.
Außerdem kannte ich die »Gefahr« ohnehin nicht, und Brecht nützte die Situation auch nicht aus. Auf seiner Bude lernte ich einige seiner Freunde kennen: Johann Harrer, Rudolf Hartmann und Max Knoblach – der übrigens Brecht bei dessen letztem Augsburg-Besuch 1950 zufällig in der Karlstraße traf –, und wir verbrachten dort viele interessante, schöne und unvergessene Stunden. Besonders gut verstand sich Brecht mit Caspar Neher, »Cas«, wie er

ihn nannte. Er sollte später einer der großen Bühnenbildner für Brecht werden.

Oft saß ich auch in der Bleichstraße ganz still dabei, wenn Brecht arbeitete. Meine Anwesenheit schien ihn bei der Arbeit zu beflügeln. Oft fragte er mich nach meiner Meinung. Er arbeitete damals an dem Theaterstück *Spartakus,* das er später auf Anregung und nach einem Gespräch mit Lion Feuchtwanger *Trommeln in der Nacht* nannte. Wir sprachen oft über *Trommeln in der Nacht.* Mit dem dritten und dem vierten Akt – besonders mit dem vierten – tat er sich schwer. Immer wieder schrieb er ihn um. Brecht bedankte sich für die Diskussionen über dieses Stück auf seine Weise: Er widmete es mir. In jedem Exemplar der ersten Auflagen, in 5000 Büchern, konnte ich meinen Namen lesen. Das war die Zeit der großen Harmonie zwischen uns. Wir verstanden uns sehr gut und stritten uns nie. Wenn ich einmal nicht seiner Meinung war, sagte er mir freundlich, daß ich ein Schaf sei. Aber dies in so herzlichem Tonfall, daß mir die Bezeichnung wie ein Kosename im Ohr klang. Sicher war es auch so gemeint.
Er vergötterte mich so sehr, daß es mir peinlich war, denn ich war bescheiden erzogen worden und zudem als Schwester von vier Buben nicht unbedingt an Schmeicheleien gewöhnt.

Nachdem ich die Schule absolviert hatte, fand in unserer Turnhalle eine große Abschlußfeier statt. Zu meinem großen Entsetzen erschien Brecht mit seinem Freund Max Hohenester von der evangelisch-liberal orientierten Zeitung *Augsburger Neueste Nachrichten*, deren Unterhaltungsbeilage *Der Erzähler* von dem verantwortlichen Redakteur Dr. Wilhelm Brüstle, einem großen Förderer Brechts, geleitet wurde. Mein Entsetzen über das Auftauchen dieser beiden ging rasch in großes Erstaunen über, als unser Direktor Brecht und Hohenester höflich empfing, sie willkommen hieß und ihnen Stühle anbot. Beide hatten Ausweise der Zeitung vorgelegt und erklärt, daß man einen Artikel über den Verlauf der Feier zu schreiben gedenke.

Bereits am nächsten Tag konnten wir darüber in der Zeitung lesen. Brecht war zu dieser Zeit schon Mitarbeiter dieser Zeitung, und sein Verhältnis zu Dr. Brüstle war sehr freundschaftlich.

Später erzählte mir Brecht, daß er überhaupt kein Interesse für die Feier gehabt hätte und nur von Hohenester habe hören wollen, wer denn nun das schönste Mädchen sei. Als Hohenester tatsächlich auf mich gedeutet hatte, war er überglücklich gewesen, weil er wußte, daß Hohenester mich nicht kennen konnte.

Brecht war immer höflich zu mir und küßte mir galant die Hand, wenn er mich begrüßte oder verabschiedete.
Solange wir beisammen waren, habe ich nie ein böses oder häßliches Wort von ihm vernommen. Das mag seltsam klingen, wenn man die manchmal rauhe Sprache seiner Theaterstücke kennt. Ich weiß nur von einer einzigen derartigen Entgleisung. An einem Sonntagnachmittag jenes Sommers besuchte ich mit meiner Mutter und dem Sohn eines Studienfreundes meines Vaters ein Stadtgartenkonzert.
Brecht war ständiger Gast dieser Sonntagskonzerte. Er verehrte den Leiter dieser Konzerte, Karl Ehrenberg, sehr.
Brecht wurde verständlicherweise von meiner Mutter nicht aufgefordert, an unseren Tisch zu kommen. So suchte er sich einen geeigneten Platz und fand genau einen, der es ihm erlaubte, mich immer im Auge zu haben.
Er konnte also mit ansehen, wie der junge Mann, ein sehr gut aussehender Leutnant, mir den Hof machte, und wie ich durchaus Gefallen an dem flotten und schicken jungen Mann fand. Bei Brecht schrillten die Alarmglocken. In der Pause, als wir im Garten spazierengingen, schritt er zum ersten Angriff. Von Eifersucht gepeinigt – er war beängstigend eifersüchtig – nahm er sich die Freiheit heraus und gesellte sich zu uns. Nun versuchte er mit allen Mitteln, den

Rivalen auszustechen. Dies wäre, was die äußere Erscheinung betraf, ein hoffnungsloses Unterfangen gewesen. Aber Brecht verfügte über andere Mittel. Ohne zu verhandeln, riß er sofort das Gespräch an sich und bestimmte das Thema: Religion. Der nicht eingeweihte Leutnant war schnell davon überzeugt, einen fanatischen Katholiken vor sich zu haben. Als sich Brecht nach der Pause wieder auf seinen Platz begab und seine Beobachtungen sorgsam fortsetzte, fragte meine Begleitung mich, was denn das für ein Spinner gewesen sei.

Auf dem Weg nach Hause gelang es Brecht dann tatsächlich, an meiner Seite zu gehen. Er war furchtbar aufgeregt und sagte zu mir: »Du hast dich benommen wie eine Dirne.«

Ich erwiderte kein Wort, war aber traurig und beschämt.

Beim Abschied gab ich ihm nicht die Hand. Kaum war ich zu Hause, als auch schon das Telefon bei mir läutete. Brecht hatte sich sehr beeilt, nach Hause zu kommen, und rief nun bei mir an. Total zerknirscht bat er mich um Verzeihung für sein schlechtes Benehmen.

Aber das ist und war – wie gesagt – die einzige Entgleisung dieser Art während unserer gemeinsamen Zeit.

III

Langsam müssen auch in ihm der Plan und das Verlangen gereift sein, mich ganz zu besitzen. Immer wieder schwärmte er mir vor, wie schön es doch wäre, wenn man einmal gemeinsam eine ganze Nacht miteinander verbringen könnte. Und ich stellte mir das auch ganz nett vor, eine ganze Nacht mit ihm durchzuplaudem. Eine günstige Gelegenheit dazu bot sich bald. Ich wollte zum Hamstern für zwei Tage aufs Land fahren. Brecht überzeugte mich davon, daß es nie aufkommen könne, wenn wir jetzt diese Gelegenheit nutzten, denn ob ich nun zwei oder drei Tage unterwegs sein würde, sei gleich und bliebe unbemerkt.

Er machte den Plan, und ich handelte danach.

Als ich mit meiner Hamstertasche nach Augsburg zurückkam, erwartete mich schon am Bahnhof Brechts Freund Otto Bezold. Er nahm mir die Hamstertasche ab, gab sie in die Gepäckaufbewahrung und setzte mich mit vielen Grüßen in den nächsten Zug nach München, der alsbald losfuhr.

Am Hauptbahnhof in München erwartete mich Brecht mit einem vor Vorfreude strahlenden Gesicht.

Zuerst bummelten wir in der Stadt umher, und er erwies sich als guter München-Führer: Brecht – der Münchner aus Augsburg!

Die Zeit verging sehr schnell, und wir mußten uns ein Hotelzimmer nehmen, was wir ob unserer Begeisterung bei meiner Ankunft glatt vergessen hatten. Wir gingen zum »Reichsadler«, einem Hotel in der Nähe des Hauptbahnhofes.

Ich hatte Angst, allein im Hotel zu übernachten. Es war ja auch meine erste, richtig abenteuerliche Reise. Wie froh war ich also, als ich von Brecht hörte, daß er ebenfalls ein Zimmer gemietet habe, das – welch ein Zufall! – direkt neben dem meinen liege.

Ganz glücklich und beruhigt war ich aber erst, als er mich fragte, ob er denn noch auf mein Zimmer kommen könne, denn ich fürchtete mich in der ungewohnten Umgebung. Ich wollte nicht allein sein.

Wir waren von den Wanderungen durch die Stadt so erschöpft, daß wir dann auch ohne Umstände auf unsere Zimmer gingen und Brecht wenig später mein Zimmer betrat.

Sehr gemütlich war das Hotelzimmer natürlich nicht. Und Brecht – von dem ich inzwischen stets außergewöhnliche Meinungen und Taten erwartete – machte dann auch den Vorschlag, ins Bett zu gehen, wobei er betonte, daß er sich nur neben mich legen wolle. Das ist wieder so eine Idee von ihm, über die ich mich nicht mehr zu wundern brauche, dachte ich mir.

Wir lagen aber noch nicht lange im Bett, da wurde Brecht zärtlich, und ich wehrte mich.

Mein Widerstand war entschlossen, woraus Brecht hätte erkennen können, daß ich nicht aufgeklärt war. Das sagte ich ihm dann schließlich auch, und er begriff sofort. Von nun an machte er keinerlei Versuche mehr, mich zu verführen, sondern nahm mich in den Arm und klärte mich auf. Für den Rest der Nacht hatten wir nur ein Thema, und Brecht weihte mich mit großem Einfühlungsvermögen in alles ein. An Schlaf war nicht zu denken. Unser Gespräch dauerte bis in die Morgenstunden.
Ich glaube, daß selten ein junges Mädchen auf solch zarte und geistreiche Art die Geheimnisse der Menschwerdung erfuhr.

Am nächsten Tage hatte ich wegen der durchwachten Nacht rasende Kopfschmerzen. Vielleicht war das alles auch einfach zu viel für mich gewesen.
Trotzdem sah ich mir nun erst einmal das Zimmer genauer an. Jetzt, wo die Sonne durchs Fenster schien, wirkte es etwas gemütlicher. Der Raum war reinlich und einfach eingerichtet. Ein Schrank mit wenigen Kleiderbügeln, ein kleiner, runder Tisch, zwei Stühle und eine Ablage für den Koffer. Am Fensterbrett stand ein Blumentopf mit einer Pflanze, die offensichtlich gut gepflegt wurde.
Gegen Mittag war mir dann besser. Wir gingen zu Fuß zum Augustiner-Bierkeller an der Arnulfstraße, scherzten und lachten und benahmen uns, wie sich

ein junges, verliebtes Paar benimmt: auffallend. Hier im Augustiner war es sehr gemütlich. Es war nicht sehr warm, aber die Sonne schien durch die Kastanienbäume und verbreitete eine Stimmung, die sich auf viele Gäste übertrug. Nach dem Mittagessen bestellte ich mir eine Heidelbeerspeise, ohne an die »Folgen« zu denken. Aber Brecht war das gerade recht. Er amüsierte sich fortan köstlich über meinen blauen Mund.

Natürlich wollte ich noch mehr von München sehen, und deshalb war unser Aufenthalt im Biergarten – so gemütlich er sein mochte – zeitlich begrenzt. Gleich nach dem Mittagessen wanderten wir also weiter durch die Stadt. Zum Stachus, weiter zum Lenbachplatz, zum Maximiliansplatz, zum Promenadeplatz, zur Theatinerstraße über den Marienplatz. An der Mariensäule küßte er mich impulsiv vor allen Leuten. Wir waren glücklich, und mir machte es nichts aus, wenn Menschen stehenblieben und uns beobachteten. München machte auf mich einen großartigen Eindruck: besonders gefielen mir die vielen Springbrunnen.

Plötzlich verschlimmerten sich meine Kopfschmerzen wieder, was mir unerklärlich war, nachdem ich mich doch lange in frischer Luft aufgehalten hatte. Brecht brachte mich ins Hotel zurück auf mein Zimmer. Ich legte mich gleich ins Bett, war plötzlich sehr müde und benommen und bemerkte nicht, daß

Brecht noch im Zimmer war. Als ich im Halbschlaf dalag, überfiel er mich im wahren Sinne des Wortes, noch dazu mit einer großen Unbeholfenheit.
Brecht war damals einundzwanzig Jahre alt und bis zu diesem Tage – wie er mir später versicherte – noch mit keiner Frau beisammengewesen. Ich bin sicher, daß er nicht log, denn sonst hätte er sich nicht so angestellt.

Von diesem Tage an wurde ich ein gewisses Schuldbewußtsein nicht mehr los. Ich wagte es aber nicht, mit anderen Menschen darüber zu sprechen. Andererseits hielt ich jetzt noch viel inniger zu Brecht. Von nun an begann unsere schönste Zeit; Brecht trug mich auf Händen. Viel später sagte er einmal über mich: »... ich habe sie behandelt wie eine Königin, und ich habe sie dabei tyrannisiert, doch sie hat es nicht gemerkt.«
Irgendwie muß ich trotz allem oder vielleicht gerade deshalb erholungsbedürftig ausgesehen haben, denn meine Eltern schickten mich für zwei Wochen an den Starnberger See. Daß ich dabei zwei Tage für Brecht und mich reservieren würde, war inzwischen selbstverständlich. Wir fuhren zwei Tage nach Schloß Berg am Starnberger See.
So glücklich ich auch hier mit ihm war, versuchte ich doch zugleich, ihn sorgfältig zu beobachten, um dadurch herauszubekommen, warum dieser Mann, der

überhaupt nicht »mein Typ« war, mich so faszinierte. Eine endgültige Antwort darauf habe ich bis heute nicht gefunden. Aber mir fiel besonders während unserer zwei Tage auf Schloß Berg auf, daß er fremden Menschen immer mit einer gewissen Scheu, um nicht zu sagen Arroganz begegnete. Wir diskutierten auch während dieser zwei Tage viel, über die Welt, die Musik, die Literatur, unsere Zukunft und seine schriftstellerischen Pläne. Er begann auch plötzlich mit einer gewissen Erziehung, die mir aber nicht unangenehm war.

Für ihn war ich viel zu nachgiebig und nachsichtig. Ich sei »wie ein Teig, der jedem Fingerdruck nachgibt«. Es gelang ihm tatsächlich, mein Selbstbewußtsein etwas zu stärken. Das hielt er für wichtig. Für mich war dieser Aufenthalt ein schöner Abschluß meiner Erholungsreise und zugleich deren Höhepunkt.

Mein inzwischen etwas gestärktes Selbstbewußtsein war ihm sehr willkommen, wenngleich es nicht unbedingt ihm gegenüber Anwendung finden sollte. Denn nach wie vor versuchte er, mich zu beherrschen und gänzlich von anderen Männern fernzuhalten. Ich war sein persönliches Eigentum, und er ließ mich das durchaus fühlen. So gebärdete er sich im steigenden Maße immer wilder, wenn er glaubte, fürchten zu müssen, daß ein Rivale auftauchte. Es

genügte schon die geringste Bemerkung, ein scheuer Blick oder andere Reaktionen junger Männer, die in ihm eine derartige Befürchtung keimen ließen.
Ohne Umschweife bestellte er entschlossen den jeweiligen vermeintlichen Rivalen zu sich aufs Zimmer und bombardierte den mit fortschreitender Zeit immer eingeschüchterter werdenden Gegner mit hochtrabenden Reden. Dabei senkte er die Stimme, hob sie wieder, sprach gefaßt, schnell und entschlossen. Ganz nebenbei erwähnte er, daß ich ein sehr armes Mädchen sei und nun einmal keiner außer ihm je in der Lage sei, mir das zu bieten, was mir zustehe, und daß nur er die Kraft besitze, mich auf den Platz emporzuheben, der mir gebühre.
Die Gesprächspartner, durchaus auch intelligente junge Männer, waren von so viel mit Kraft und Überzeugung vorgetragener und zusammengebastelter Logik verwirrt und versprachen, von mir abzulassen, bevor etwas begonnen hatte.
Insgesamt kam es so in vergleichbar kurzer Zeit zu fünf Auftritten dieser Art, über die er vielleicht ein Theaterstück hätte schreiben können.

Nach Jahren traf ich dann in Abständen jeden dieser fünf jungen Männer – die alle Studenten waren – zufällig wieder, und sie berichteten mir, immer noch tief beeindruckt, von ihren Zusammenstößen mit Brecht.

Dabei bestätigten sie mir, daß sie es ganz einfach nicht gewagt hätten, mir weiter nachzustellen. Der Einfluß Brechts war und blieb groß.
Aber es gab immer wieder Kavaliere, wie man damals sagte, die sich für mich interessierten.

Obwohl wir uns nach wie vor oft in Brechts Mansarde trafen, bemerkte er doch, daß er manchmal nahe daran war, mich zu verlieren, obwohl ich sehr unter seinem Einfluß stand. In meinem Alter freilich imponierten mir auch gutaussehende, junge Männer, mit denen Brecht, was das Äußere anlangt, nie hätte konkurrieren können. Dessen war er sich wohl bewußt.
Aber er löste das Problem auf seine Weise. Er führte mich in sein Zimmer, hieß mich Platz zu nehmen und begann einen Vortrag, den er mit nur kurzen Unterbrechungen, einem Griff zum Glas Wasser, zwei bis drei Stunden lang ohne Unterlaß durchhielt. Es gelang ihm bei jedem Vortrag dieser Art und dieser Thematik, seine Vorzüge so geschickt herauszustellen, daß jeder Rivale auch vor meinem geistigen Auge immer kleiner und unbedeutender wurde. Wie schon erwähnt, waren das alles Vorsichtsmaßnahmen von Brecht, denn ich habe mich mit keinem anderen jungen Mann getroffen oder auch nur verabredet.

Wenn er selbst nicht in der Lage war, mich zu beobachten, so ließ er mich ganz einfach von zuverlässigen Freunden überwachen, die ihm danach einen detaillierten Bericht zu liefern hatten. Wurde ich angesprochen oder begegnete mir jemand, mit dem ich einige Worte auf der Straße wechselte, so wurde der Name notiert oder eine Beschreibung skizziert. Dieser Name stand fortan auf Brechts Liste, bis er ihn – nach dem üblichen Vortrag in seinem Zimmer – beruhigt streichen konnte.

Wenngleich das Thema des Vortrags vorgegeben war, so verstand er es immer wieder, diesen ganz anders aufzubauen, die dramatischen Höhepunkte anders zu setzen und auch die Zeiteinteilung anders vorzunehmen. Ich war einige Male dabei, wie er mit den jungen Männern sprach. Die Vorträge, die ich in dieser Sache hörte, waren auch sehr variabel, und ich hörte ihnen ganz gern zu, obwohl mich die Geschichte ja eigentlich hätte einschüchtern sollen.

Später erzählte mir Brecht einmal, daß er dabei stets innerlich gezittert habe, weil er fürchtete, daß ich aufstehen und sein Zimmer verlassen könnte. Und er gab zu, daß er dann nicht gewußt hätte, was zu tun sei. Die Brillanz seiner Vorträge zog mich immer mehr in Bann. Ich wurde ihm hörig. Seine Ansichten wurden meine Ansichten, und ich benützte oft die gleichen Redewendungen wie Brecht.

Eines Tages dann schrieb er mir ein Gedicht in mein Album:

Wer immer seinen Schuh gespart,
Dem ward er nie zerfranst.
Und wer nie müd, noch traurig war,
Der hat auch nie getanzt.
Wir tanzten nie mit mehr Grazie,
Als über die Gräber noch.
Gott pfeift die schönste Melodie
Stets auf dem letzten Loch.
Und wenn aus alter Schwäche sogar
Im Staub zerfällt Dein Schuh,
Der grad wie du nur für Fußtritte war,
War immer noch mehr als Du.

IV

Ich hatte gerade wieder einen seiner Vorträge gehört, als ich mir plötzlich einbildete, schwanger zu sein. Es dauerte auch nicht lange, und meine Vermutung bestätigte sich. Als ich dies Brecht mitteilte, machte er mir nicht die geringsten Vorwürfe, sondern richtete mich auf und versprach seinen Beistand, an dem ich in keiner Sekunde zweifelte. »Laßt sie doch wachsen, die jungen Brechts«, sagte er später einmal. Wir waren beide sehr unerfahren und wußten natür-

lich nicht, wie wir mit dieser Situation fertig werden sollten.
Brecht nahm sich ein Herz und ging zu meinem Vater. Wie schwer muß ihm dieser Gang gefallen sein, wo er doch um die unveränderte Antipathie meines Vaters wußte!
Aber er stand vor ihm, nahm »alle Schuld« auf sich und betonte immer wieder, daß er und nur er ganz allein die Verantwortung trage und man mir keinen Vorwurf machen dürfe.
Mag es am fehlenden Kontakt zwischen Brecht und meinem Vater gelegen haben, oder kam es daher, daß diese beiden Menschen gar nichts miteinander beginnen konnten: Jedenfalls war der Brecht-Vortrag nicht von gewohnter Souveränität, Logik und Durchschlagskraft.
Mein Vater ließ nicht mit sich reden und hörte zuletzt kaum noch zu, zeigte keinerlei Verständnis und bemerkte, daß ich wohl auch nicht ganz schuldlos sei.
Brecht hat es meinem Vater nie verziehen, daß er mir die Schuld geben wollte. Ein uneheliches Kind – das war schon ein Skandal allerersten Ranges, noch dazu in einer Stadt wie Augsburg.
Die ganze Angelegenheit war also ein furchtbarer Schlag für meine Eltern, die so große Pläne mit mir hatten. Vor allem mein Vater hatte große Hoffnungen auf mich gesetzt. Da ich sehr sportlich war, sollte

ich einmal Sportlehrerin werden. Das war ein Beruf, mit dem man sich in der Gesellschaft sehen lassen konnte. So versuchte er mit allen möglichen Mitteln, mich für diesen Weg zu gewinnen. Er versprach mir ein Reitpferd und einen Windhund dazu, wenn ich dieses von ihm vorgegebene Ziel erreichen würde.

Nun war für ihn alles aus, seine Welt brach zusammen. Er führte sich schrecklich auf, verlor aber trotzdem nur begrenzt die Kontrolle, denn er suchte schon einen ersten Ausweg aus der für ihn unerträglichen Situation, indem er anordnete, daß ich die Stadt verlassen und das Kind auf dem Land zur Welt bringen solle.

Das war damals allgemein üblich. Die sogenannten »höheren Töchter« verschwanden bisweilen für eine begrenzte Zeit aus der gewohnten Umgebung, um ein Kind abseits von Klatsch und Tratsch zur Welt zu bringen. Nicht selten tauchten sie danach wieder auf und benahmen sich, als sei nichts gewesen.

Brecht wollte mich heiraten. Mein Vater war absolut dagegen. Er habe Brecht, so sagte er mir, nie leiden können, jetzt aber hasse er ihn geradezu. Und diesen Haß wolle er pflegen und in jedem Fall unbeirrt beibehalten.

Hätte er damals geahnt, daß ausgerechnet Brecht es war, der später den Text für seine Todesanzeige formulierte und mich so rührend während der Trauertage unterstützte – ich weiß nicht, wie er sich verhalten hätte. Eher nahm er ein uneheliches Kind in Kauf, als einzuwilligen, daß seine Tochter einen Schriftsteller heiratete. Ein Schriftsteller – das war nun einmal für ihn ein mehr als zweifelhafter Beruf, der keine Zukunft haben konnte.

Mir zuliebe versuchte Brecht immer wieder, die Differenzen mit meinem Vater beizulegen, wenn hier überhaupt von irgendwelchen Differenzen gesprochen werden kann, denn zwischen diesen beiden Männern klaffte ein unüberwindbarer Abgrund.

Brecht gab trotzdem nicht auf.

Er begann in München sein Medizinstudium und hoffte insgeheim, damit meinem Vater imponieren zu können. Vielleicht ergab sich so einmal die Möglichkeit, später die Praxis meines Vaters zu übernehmen.

Wenn Brecht geglaubt hatte, mit diesem Schritt und unter diesen veränderten Vorzeichen die Einwilligung für eine Heirat mit mir zu bekommen, so hatte er sich in meinem Vater gründlich getäuscht.

Eigensinnig entwickelte mein Vater den Plan für meine Reise und meinen Aufenthalt außerhalb Augsburgs.

Als Ort, in dem ich mein Kind zur Welt bringen sollte, wurde Kimratshofen ausgesucht. Und das hatte seinen guten Grund. Walburga Frick, eine Hebam-

me, war mit meiner Schwester Blanka in Immenstadt im Allgäu zur Schule gegangen. Die beiden waren also befreundet, und die Eltern der Walburga Frick besaßen ein Haus in Kimratshofen.
Freilich: Nicht mein Vater begleitete mich auf dieser Reise, sondern Brecht brachte mich an einem kalten Januartag, der einen silbrig-seidigen Himmel hatte, in das Haus im Allgäu.
Unterwegs war er rührend und geradezu übertrieben um mich besorgt, was tatsächlich fehl am Platze war, denn ich war erst im dritten Monat, also in einem Zustand, in dem die Augsburger Bürger und damit die Gesellschaft, auf die es meinem Vater ankam, noch nichts merken konnte.
Wir fuhren mit dem Zug nach Kempten, konnten einen Fensterplatz ergattern und machten das Beste aus dieser etwas verworrenen Situation. Wir scherzten und lachten und taten so, als ob diese Reise und dieses Ziel von uns selbst, aus welchen Gründen auch immer, gewählt worden sei. Wir hatten das Abteil bis Kempten allein, waren unter uns und amüsierten uns köstlich.

In diesem Jahr 1919 begann die Last des Krieges von uns zu weichen: das erste »Friedensjahr« – wenngleich die Zeiten verwirrter waren als ehedem; aber es herrschte Waffenstillstand, und es gab die Todesanzeigen gefallener junger Männer nicht mehr; die hysterischen Kriegsrufe und Begeisterungshymnen, in die auch Brecht zu Beginn des Krieges durchaus eingestimmt hatte, waren verstummt. Brecht hatte seinerzeit Hymnen auf den Kaiser, das Volk und unsere Soldaten verfaßt. Ich habe nie mit ihm darüber diskutiert, hatte aber festgestellt, daß bei ihm im Verlauf des Krieges ein gründlicher Sinneswandel eingetreten sein mußte. Brecht war ein Mensch, dem das Leid der anderen sehr zu Herzen ging.

Die Bahnfahrt verging wie im Fluge, und wir verließen in Kempten den Zug. Hier mußten wir in den Autobus steigen, der uns nach Kimratshofen brachte. Brecht war sehr beruhigt, als er sah, daß ich gut untergebracht war.
Von nun an besuchte er mich häufig.

An einem Tag im Februar, als die Wege tief verschneit waren und ein kalter Ostwind die Schneeflocken hochwirbelte, erwartete ich ihn wieder. Er hatte seinen Besuch schon brieflich angekündigt, einmal, um uns die Vorfreude zu geben, und zum anderen, damit unserem Wiedersehen nichts im Wege stand und ich darauf vorbereitet war.
Freudig wartete ich also auf Brecht.
Ich hatte mich in die große warme Stube gesetzt und starrte wie gebannt auf die große Standuhr, die einen etwas disharmonischen Glockenschlag hatte.

Das fiel mir an diesem Tag besonders auf, denn die Zeit seiner Ankunft war längst überzogen. Was tun? Nach München telefonieren? Das wäre unter Umständen möglich gewesen, denn Brecht wohnte zu eben jener Zeit in der Paul-Heyse-Straße 9, im vierten Stock der Pension Trommer, die ja über ein Telefon verfügte.

Ich verwarf den Gedanken aber schnell, denn auf jeden Fall, so glaubte ich, war Brecht nicht mehr in München, sondern unterwegs zu mir.

Diese Adresse war übrigens bereits sein vierter Wohnsitz in München. Zunächst wohnte er im dritten Stock der Maximilianstraße 43 bei einer Tante seines Freundes Caspar Neher, bezog dann ein Zimmer im ersten Stock der Adalbertstraße 12 im Stadtteil Schwabing und zog danach innerhalb Schwabings in die Kaulbachstraße 63a. Jetzt wohnte er in der Paul-Heyse-Straße in der Nähe des Hauptbahnhofes.

Die Uhr im warmen Wohnzimmer, vor der ich mittlerweile die vierte Stunde saß, schien immer langsamer zu gehen. Als die sechste Stunde vergangen war, sah ich aus dem mit leichten Eisblumen bedeckten Fenster einen völlig eingeschneiten Mann langsam auf das Haus zukommen: Brecht.

Er betrat mein Zimmer mit einem unnatürlich geröteten Gesicht und setzte sich wortlos an den prasselnden Ofen, auf den ich zum Braten Äpfel gelegt

hatte, deren Duft eine behagliche Atmosphäre verbreitete.
Ganz langsam wurde der immer noch apathisch wirkende Brecht – für mich ein völlig ungewohntes Bild – wieder lebendiger.
Er rieb seine noch immer steifen Finger an die zehn Minuten lang ohne Pause am heißen Kanonenofen und rückte endlich mit der Sprache heraus. Er sei sechs Stunden bei heftigem Schneetreiben von Kempten nach Kimratshofen zu Fuß gegangen, weil er den Bus verpaßt habe. Diese Geschichte habe ich ihm damals nicht geglaubt. Die Busverbindung war schon damals etwas dichter, so daß es sicherlich weitere Möglichkeiten gegeben hätte. Ich bin sicher, er war zu Fuß gegangen, um Geld für den Bus zu sparen – Geld, das er mir zusätzlich geben konnte.

Mein Vater hatte zwar dafür gesorgt, daß ich die Stadt verließ, aber er war nicht bereit, mich finanziell zu unterstützen. Brecht, der mich um keinen Preis im Stich gelassen hätte, bezahlte meinen Aufenthalt in Kimratshofen und versorgte mich. Die Beträge zweigte er von seinem bestimmt nicht üppig bemessenen Studiengeld ab. Ich mußte für meinen Aufenthalt vier Mark täglich bezahlen und hatte ja auch anderweitige Kosten. Brecht kam für alles auf. Und Brecht ernährte sich in dieser Zeit fast ausschließlich von Brot und Rübenmarmelade, da die nun einmal am billigsten war. Trotz seiner angespannten finanziellen Situation blieb unsere Harmonie ungestört, und es gab über dieses Thema nie eine Diskussion. Für ihn war das eine Selbstverständlichkeit, die nicht besprochen zu werden brauchte.

Mir selbst ist die Zeit in Kimratshofen gesundheitlich gut bekommen, ich fühlte mich eigentlich recht wohl, weg zu sein vom Elternhaus, den täglichen Problemen und zermürbenden Diskussionen mit meinen Eltern, weg vom Kleinlichen.
Trotzdem oder vielleicht gerade deshalb hatte ich täglich große Sehnsucht nach Bert.
Und da wir uns nicht täglich sehen konnten, schrieb ich ihm jeden Tag einen Brief in die Paul-Heyse-Straße 9 nach München.
Auch Brecht schrieb mir täglich, ohne Ausnahme. Wenn er zeitlich sehr ausgelastet war, kam zumindest ein Brief, dessen Inhalt nur sein Namenszug war. Aber ich wußte, daß auch er an mich dachte.
Heute bedauere ich es natürlich sehr, daß die meisten dieser Briefe verlorengegangen sind. Teilweise wurden sie noch in den dreißiger Jahren von meiner Mutter dem Papierkorb übergeben, teilweise sind sie einfach abhanden gekommen. Ich übertreibe bestimmt nicht, wenn ich sage, daß damit mindestens ein sehr großer Koffer hätte gefüllt werden können. Aber einige Briefe sind erhalten. Ich habe

sie der Stadt Augsburg übergeben, wo sie eingesehen werden können.

Durch die täglichen Briefe verging die Zeit relativ schnell, und alle drei bis vier Wochen besuchte Brecht mich in Kimratshofen. Da herrschte immer eine große Wiedersehensfreude. Inzwischen war auch der Frühling eingekehrt, und wir konnten wieder unsere Spaziergänge aufnehmen. Wenn es auch nicht die Lechauen waren oder die schönen Straßen Münchens, durch die wir früher bummelten, so waren wir doch beisammen.
Und manchmal schien es uns, als sei die Zeit stehengeblieben, und wir würden uns gerade erst kennenlernen.
An einem besonders schönen Tag machten wir einen ausgedehnten Spaziergang, der mir noch immer keinerlei Mühe bereitete, obwohl Brecht sich immer wieder besorgt nach meinem Zustand erkundigte. Aber der Spaziergang war schön, das Wetter prima, und wir merkten nicht, wie die Zeit verging.
In meinem Zimmer angekommen, wollte Brecht plötzlich schnell zu Bett gehen. Er legte sich ins Nebenzimmer und schlief Wand an Wand mit mir. Entweder war es die Erregung der Wiedersehensfreude oder es waren die anregenden Gespräche – jedenfalls wurde ich nicht müde und träumte mit wachen Augen lange Zeit in meinem Bett.

Plötzlich hörte ich Brecht deutlich und erschreckend stöhnen. Aufgeregt sprang ich aus dem Bett und betrat sein Zimmer. Brecht lag mit schweren Herzkrämpfen in seinem Bett und war schweißgebadet. Glücklicherweise war ich hellwach und behielt auch die Nerven. Ohne ihn zu fragen, lief ich zum nächsten Wasserhahn, ließ das Wasser etwas laufen, damit es kälter wurde, und machte ihm dann Wickel. Die Krämpfe ließen rasch nach. Instinktiv hatte ich das Richtige gemacht.

Wir hatten ja schon früher einmal über seinen Herzfehler gesprochen. Aber ein solcher Anfall – das hatte ich jetzt zum ersten Mal erlebt. Ich blieb danach noch lange an seinem Bett sitzen, und Brecht beruhigte sich allmählich. Wir sprachen sehr behutsam miteinander, und er gestand mir dann, daß er diese Anfälle öfter habe.

Sichtlich war dieser Anfall in dieser Nacht besonders stark, denn Brecht gestand mir auch, daß er Angst hätte.

So blieb ich die ganze Nacht bei ihm, und es gelang ihm tatsächlich, etwas zu schlafen. Am Morgen war alles vorbei, und er schien sich wieder erholt zu haben.

Wir sind dann vor seiner Abreise nicht mehr spazierengegangen, und ich habe ihn zuletzt an den Bus gebracht. Aber auf diesem Weg sind wir besonders langsam gegangen. Brecht sagte mir beim Abschied, daß ich mir keine Sorgen machen solle, und winkte mir lange aus dem Busfenster zu.

Der Tag meiner Niederkunft rückte immer näher. Kurz vor der erwarteten Entbindung kam Bert, von großer Unruhe getrieben, bei mir an. Er umsorgte mich mit großer Liebe. Während dieser Tage sprach er wenig und ließ mich erzählen. Vielleicht wollte er mich schonen, vielleicht hätte er auch seine Reden nicht mit der gewohnten Brillanz halten können, weil er sich nicht darauf konzentrieren konnte. Am 30. Juli 1919 gebar ich ihm dann ohne jede Mühe einen Sohn.

Brecht war überglücklich.

Er blieb noch zwei Tage bei mir, obwohl er dringend nach München gemußt hätte.

Danach aber fuhr er beschwingt und fröhlich ab, und ich hatte den Eindruck, daß ihm ein Stein vom Herzen gefallen war. Offensichtlich schien ihn das alles mehr mitzunehmen als mich.

In seiner Begeisterung fuhr er nicht nach München, sondern nach Augsburg, um dort seinen Freunden freudestrahlend zu verkünden, daß er Vater geworden sei.

Über den Vornamen unseres Sohnes wurde nicht lange diskutiert.

Er sollte und durfte nur Frank heißen, nach Frank Wedekind, den Brecht sehr verehrte.

Auch über die Religionszugehörigkeit wurde nicht diskutiert.
Im Hause Brecht war der Vater katholisch und die Mutter evangelisch. Bert war evangelisch getauft worden. Ich dagegen war katholisch. Und unser Kind sollte katholisch getauft werden.
Über den Vornamen Frank herrschte also rasch Einigkeit, als weitere Vornamen wählte er Otto (nach seinem Freund Otto Müller-Eisert, der ja auch Taufpate werden sollte) und Walter, nach seinem zwei Jahre jüngeren Bruder.
Frank sah seinem Vater schon als Baby sehr ähnlich, obwohl gerade auf diesem Gebiet die Meinungen gänzlich auseinandergehen, denn viele behaupten nun einmal, daß alle Neugeborenen gleich aussähen. Andere wiederum sind der Meinung, daß man schon unmittelbar nach der Geburt Ähnlichkeitsmerkmale feststellen könne. Ich bemerkte eine solche Ähnlichkeit bei Frank, und mit fortschreitendem Alter wurde er seinem Vater immer ähnlicher.

Jetzt aber galt es, die Taufe und die dazugehörige Feier zu organisieren. Da das ohnehin in Kimratshofen vor sich gehen sollte, entschieden wir uns für die Gaststätte Fäßle, die gleich neben meinem Wohnhaus lag.
Der Termin wurde festgelegt und eine große Feier vorbereitet. Nur die engeren Freunde wurden ein-

geladen: Caspar Neher, der später ein großer Bühnenbildner wurde und schon damals Bühnenbilder für die noch nicht aufgeführten Stücke von Brecht entwarf, Otto Müller-Eisert, Georg Pflanzelt, meine Schwester mit ihrem Verlobten und meine Hebamme Walburga Frick.
Nach der Taufe des kleinen Frank am 2. August 1919 in der Pfarrkirche zu Kimratshofen zogen wir uns in ein Nebenzimmer der Gaststätte zurück. Otto und Caspar waren die Taufpaten. Die Taufe wurde gebührend gefeiert. Brecht war völlig aus dem Häuschen; es wurde gesungen, geschunkelt, Gitarre gespielt, Reden geschwungen, rezitiert und gegessen und getrunken.
Es gab ausreichend und vor allem gut zu essen, was im Jahre 1919 durchaus keine Selbstverständlichkeit war.
Und es wurde ein langes, lustiges und schönes Fest, an das sich alle später gern erinnerten. Ich kann mir allerdings nicht denken, daß Brecht hier Eindrücke für seine *Kleinbürgerhochzeit* gewonnen hat, denn das war unsere Feier weder von der Bezeichnung noch vom Stil her, eher schon Schwabing in Kimratshofen.

Otto Müller-Eisert hatte an diesem Tag laufend neue Einfälle, und er war sichtlich glücklich, Taufpate geworden zu sein. Er sollte später übrigens auch Trauzeuge bei der Eheschließung mit Marianne Zoff werden. In den vierziger Jahren hat Frank als junger Soldat seinen Urlaub des öfteren in Berlin bei Otto verbracht.

Aber daran war noch lange nicht zu denken. Frank lag noch in seiner Wiege, schien bisweilen belustigt zu blinzeln oder weinte energisch, um sich zu Wort zu melden.

Am liebsten wären alle Beteiligten noch ein paar Tage geblieben. Bei der Verabschiedung wurde mir klar, daß auch meine Zeit in Kimratshofen bald abgelaufen sein würde.

Wohin mit Frank?

Mein Vater verbot es mir strengstens, mein Kind mit nach Augsburg zu bringen, und so gab ich es schweren Herzens bei dem Distriktwegmacher Xaver Stark in Pflege.

Wir schworen uns, Frank so oft wie möglich zu besuchen.

V

Als ich wieder in meinem Elternhaus auftauchte, erschraken Vater und Mutter so sehr über mein Aussehen, daß sie mich sofort für vier Wochen zur Erholung schickten, auf ihre Kosten.

Das war schon eine seltsame Konstellation von Entscheidungen, denen ich mich jedoch zu fügen hatte, denn ich war ja noch nicht mündig. Nach der Geburt unseres Sohnes fühlte ich mich ganz zu Brecht gehörend, und endlich gaben meine Eltern – in erster Linie meine Mutter – langsam ihren Widerstand gegen Brecht auf. Also begann meine Mutter mit der Anschaffung der Aussteuer. Brecht lehnte das sofort ab.

Er wollte das allein machen und nahm es auch selbst in die Hand.

Für mich sollte alles aus reiner Seide oder aus Batist sein. Zu Seide hatte er überhaupt eine besondere Beziehung, jedenfalls wenn es um mich ging. Ich weiß bis heute noch nicht genau, warum er häufig von Seide und Batist sprach.

Aber es war ihm wichtig.

Ich war jetzt in Augsburg, und Brecht wohnte in München.

Eine Entfernung, die nur mit der Eisenbahn zu überbrücken war und für mich immer unerträglicher wurde.

Aus diesem Grunde übersiedelte ich nach München und zog zu meiner Tante Maria Johanna in die Schwanthalerstraße 4, nahe der Sonnenstraße. Ich war glücklich, die Schwierigkeiten mit meinen Eltern in bezug auf Brecht hinter mir zu wissen; doch jetzt nahm meine Tante gegenüber Brecht die

Position meiner Eltern ein, die uns schon in Augsburg das Leben schwergemacht hatte. Es ging ihr in bezug auf Brecht nicht um Sympathie oder Antipathie, sondern sie entwickelte einen herzlichen Haß gegen ihn.
Sehr schnell wurde Brecht verwehrt, die Wohnung in der Schwanthalerstraße zu betreten. Brecht war kein Diskussionsthema für meine Tante; dafür beschäftigte sie, die als Lehrerin in München tätig war, sich um so eingehender mit der Politik und sympathisierte schon bald mit dem im Untergrund spürbar aufkeimenden Nationalsozialismus.
Brecht, unweit meiner Münchner Bleibe in der Paul-Heyse-Straße logierend, erschien mindestens zwei- bis dreimal täglich vor meinem Haus in der Schwanthalerstraße.
Dann ertönte sein Pfiff, und ich war nicht mehr zu halten. Heute wundert es mich manchmal, daß ich in meiner Hast nicht die Treppen hinuntergefallen bin. Aber es ging immer gut.
Vormittags waren die Besuche Brechts bei mir kein Problem, da wir beide den Stundenplan meiner Tante auswendig gelernt hatten und auch genau wußten, wann Lehrerkonferenzen oder andere Zusammenkünfte angesetzt waren. Diese Zeit nutzten wir weidlich in der etwas altertümlichen, aber zugleich immer unaufgeräumt aussehenden Wohnung.
Nachmittags oder abends jedoch blieb Brecht vor

dem Haus stehen und pfiff. Eines Tages kam meine Tante besonders abgespannt von einer längeren Besprechung nach Hause. Sie machte sich im Bad kurz frisch und bezog gleich danach ihren Horchposten in ihrem Ohrensessel.

Da ertönte der Pfiff von Bert. Ich stürzte wie gewohnt zur Tür und rannte die Treppe hinunter. Trotz meiner Eile bemerkte ich, daß meine Tante mir auf den Fersen war. Als ich die Haustür erreicht hatte, bog sie gerade entschlossen um den letzten Treppenabsatz.

Fast gleichzeitig betraten wir die Straße.

An das folgende Gespräch erinnere ich mich im Wortlaut, weil es mir besonders imponierte. Meine Tante rief mit leicht gerötetem Gesicht und etwas außer Atem Brecht zu: »Ich verbiete Ihnen, meiner Nichte zu pfeifen.« Brecht war nicht aus der Ruhe zu bringen und antwortete ruhig: »Sie pfeift ja auch mir.«

Damit war für ihn die Angelegenheit erledigt. Er umarmte mich, und wir gingen unserer Wege.

Ich weiß nicht mehr, warum, aber irgendwann bildete sich Brecht ein, mich in die Anatomie einführen zu müssen. Mit Hilfe seines Freundes Otto Müller-Eisert, der später ein berühmter Arzt in Berlin wurde, schmuggelte er mich in das Gebäude. Ich mußte am Eingang einen weißen Kittel anziehen und kam

so ungehindert in den Sektionssaal und konnte einer Sektion zusehen.
Mir wurde erbärmlich schlecht, und Brecht brachte mich rasch an die frische Luft. Aufgrund dieser Erfahrung hat Brecht danach keinen weiteren Versuch mehr unternommen, mich an die Atmosphäre zu gewöhnen.
Aber er wollte eben auch das ausprobieren, und vor allem wollte er mich überall dabeihaben. Auch zu den Vorlesungen in der Münchner Universität mußte ich öfters mitkommen. Da ich auf diese Weise nahezu überall dabei war, ist mir unsere gemeinsame Zeit in München in besonders schöner Erinnerung.

Brecht wurde im Jahre 1920 – er war damals zweiundzwanzig Jahre alt – Dramaturg an den Münchner Kammerspielen.
Nun führte er mich auch in die Welt des Theaters ein.
Seltsamerweise leistete meine Tante überhaupt keinen Widerstand, denn ihre Liebe zum Theater überwog den Haß auf Brecht.
In der Welt des Theaters wähnte sie mich gut aufgehoben.
Manchmal glaubte ich zwar Anflüge von Neid bei ihr zu erkennen, weil ausgerechnet ich als junges Mädchen diese für sie unerreichbare Welt kennenlernen durfte, aber gesagt hat sie mir das nie, und sie

hat meine Freude am Theater unterstützt, so gut sie nur konnte.
In den Münchner Kammerspielen waren wir bei den Proben zugegen, sahen uns die Stücke an und nahmen auch an Spielplansitzungen teil. Beide schwärmten wir mit gleicher Intensität für die Schauspielerin Sybille Binder. Wir sahen in den Kammerspielen Elisabeth Bergner im *Milchmann* von Rabindranath Tagore. Die Bergner spielte damals schon ausgezeichnet. Sie hat ja dann auch eine Weltkarriere als Theaterschauspielerin gemacht.
Wir bewunderten und beklatschten Josef Eichheim und Erwin Faber und wurden in der Welt der Kammerspiele immer heimischer.

Theater, das war eine Sache – Brechts Sache. Die andere Sache, das war das Kino. Brecht entwickelte – für mich nicht überraschend – eine besondere Beziehung zum Kino. Mit mir ging er besonders gern ins Kino, wenn der dicke Fatty Arbuckle spielte! Dann warf er sich im Kinosessel hin und her und konnte sich ausschütten vor Lachen.
Brecht freundete sich in dieser Zeit auch sehr mit Karl Valentin an. Kurz danach hat er ja dann auch eine kleine Rolle in einem Valentin-Film gespielt. Ich sah diesen Film übrigens viel später im Fernsehen wieder. Brecht spielte – wie gesagt – eine kleine Rolle als Pianist in diesem Film.

Unser Freundeskreis in München erweiterte sich rasch.
Wir trafen uns mit Karl Valentin, Elisabeth Bergner, mit Eichheim und Faber zu gemütlichen Runden.
Wir verbrachten in Schwabing wundervolle Abende und Nächte, diskutierten in verräucherten Kneipen und Künstler-Cafés.
Am meisten von uns allen amüsierte sich Brecht, der – selbst ein großer Redner – gern schwieg, wenn Valentin sprach. Ihm konnte er stundenlang zuhören.
München war eben nicht Augsburg und Schwabing nicht Kimratshofen. Hier kannte man nur sehr begrenzt bürgerliche Vorurteile. Mehr oder weniger galt ich als »Frau Brecht« und wurde auch so von den anderen akzeptiert.
Ich fühlte mich, als sei ich in dieser Welt geboren. Lion Feuchtwanger gesellte sich zu Brechts Freunden und wurde einer seiner Förderer. Die Bekanntschaft zwischen Brecht und Feuchtwanger begann übrigens damit, daß Brecht mit seinen Theaterstücken *Baal* und *Trommeln in der Nacht* Feuchtwanger besuchte. Die *Trommeln* hatten damals noch den Titel *Spartakus.*

Das war eine faszinierende Zeit in München, die mich ganz in ihren Bann zog. Mir fehlte eigentlich gar nichts. Halt – doch etwas fehlte mir: das Tanzen.

Mit Brecht kam ich nie zum Tanzen. Er wollte und er konnte nicht tanzen. Und zu seinem Kummer war ich eine begeisterte Tänzerin. Ich habe ihn zwar nicht über Gebühr bedrängt, ihn aber doch immer wieder gebeten, mich zum Tanzen zu begleiten. Das war ein nicht ausdiskutiertes Thema zwischen uns.
Denn wie man einem jungen Mädchen das Tanzen ausreden sollte, das wußte selbst Brecht nicht. Also gab er dann doch einmal nach. Umständlich wurde ein Tanzabend anberaumt, dessen Planung ihn fast so viel Zeit kostete, wie er sie sonst für ein neues Theaterstück aufwendete. Für mich war das eine unkomplizierte Angelegenheit, für ihn ein ungeheuerlicher Vorgang.
Aber hier haben wir unsere Meinungen nie unter einen Hut bringen können.
Jedenfalls hatte ich meinen Tanzabend, und Brecht war damit einverstanden.

Als Verstärkung forderte Brecht Otto Müller-Eisert an. Gemeinsam gingen wir, wie mir schien, durchaus zögernden Schrittes zu einem eleganten Tanzlokal an der Leopoldstraße.
Wir wählten einen Platz nahe der Tanzfläche, und kaum erklangen die ersten Töne der Kapelle, als Brecht mich auch schon aufs Tanzparkett führte. Es war schauerlich.
Der Bert war ein unvorstellbarer Versager auf dem

Tanzparkett. Nach dem ersten »Tanz« führte er mich an unseren Tisch zurück. Das war auch zwingend notwendig geworden, denn hätten wir uns auch noch zur zweiten Melodie bewegt, dann wäre das anwesende Publikum in laute Lachsalven ausgebrochen.

Diese Stimmung machte sich bereits im ganzen Lokal breit, und einige Gäste kicherten uns unverhohlen zu oder lachten uns ins Gesicht. Nein – das war eine gute Entscheidung: kein zweiter Tanz.

Otto, der am Tisch auf seinen Einsatz gewartet hatte, löste den geistesabwesenden Brecht ab. Tapfer absolvierte nun Otto Müller-Eisert mit mir die Tanzrunden, mich mal behutsam, mal temperamentvoll herumschwenkend.

Mir wurde nichts zu viel, und ich konnte nicht genug bekommen.

Als sich dann schließlich die Schweißtropfen in immer kürzer werdenden Abständen auf der Stirn von Otto bildeten, hatte ich Mitleid mit ihm.

Wir legten eine Tanzpause ein.

Brecht besah sich mit entrückter Miene die anderen Tänzer. Otto, immer noch erschöpft, ließ die Arme links und rechts neben dem Stuhl baumeln und atmete schnell. Deshalb erlaubte Brecht es mir, auch mit einem anderen Mann zu tanzen, was ich gern annahm. Aber wie das so geht: Der Tänzer wollte es nicht beim Tanz belassen, er wollte mich wiederse-

hen und lenkte ganz geschickt das Gespräch in die notwendige Richtung. Die sensitive Antenne Brechts muß das sofort gespürt haben, denn noch während der Unbekannte auf mich einredete und mir Termine und Orte für einen Treff vorschlug, gesellte sich Brecht zu uns. Unvermittelt stand er hinter mir.
Der Tanzabend war nun schnell zu Ende. Brecht deutete mit der Hand auf Otto, was dieser zunächst irrtümlich als Einsatzzeichen wertete, und brachte mich dann zur Garderobe. Wir zahlten und gingen zu Fuß von der Leopold- zur Schwanthalerstraße. Da hatten wir eine schöne Strecke vor uns.
Brecht machte mir keinerlei Vorwürfe und sagte auch kein böses Wort. Aber sein langes Schweigen kam mir ein wenig rätselhaft vor. Des Rätsels Lösung präsentierte sich dann deutlich.
Die Gangart meiner beiden Begleiter wurde plötzlich unregelmäßig und holprig, so, als würden sie plötzlich über einen Acker mit tiefen Furchen gehen. Wie auf Kommando verfärbten sich beide Männer fast gleichzeitig und schlugen sich mit kalkweißen Gesichtern auf der Höhe des Siegestores seitlich in die Büsche. Dort übergaben sie sich lange, begleitet von unartikulierten Lauten.
Ich stand etwas entfernt und verspürte eine gewisse Schadenfreude. Ich nahm an, daß Brecht zu schnell und zu viel Wein auf nüchternen Magen getrunken hatte und Müller-Eisert seinen letzten Tanzeinsatz

dieses Ausmaßes schon einige Zeit hinter sich hatte und auch etwas aus der Übung war.
Für mich war das die gerechte Strafe für die beiden, die meinen Tanzabend vorzeitig abgebrochen hatten.
Nach diesem Vorgang setzten wir unseren Weg zur Schwanthalerstraße nach wie vor schweigend fort.
Dann verabschiedeten wir uns ohne große Umstände.

Die Kammerspiele hatten zwar indirekt eine Art Waffenstillstand zwischen meiner Tante und mir bewirkt, der alte Haß aber blieb. Eines Tages ging Brecht »zum Angriff« über. Er besuchte mich zu einer ungewöhnlichen Zeit in der Wohnung meiner Tante, stellte fest, daß meine Tante nicht anwesend, dafür aber mein Vetter zugegen war. Im Gespräch wurde mein Vetter für Brecht sehr schnell suspekt, als sich nämlich herausstellte, daß er Kapellmeister in einem größeren Münchner Tanzcafé war. Das war für Brecht Hinweis genug.
Kapellmeister! Tanz!
Mein Vetter, der Brechts Einstellung zu dieser Sache nicht kennen konnte, fragte mich dann urplötzlich, ob ich nicht Lust habe, bei einem seiner Tanzabende mitzumachen.
Freudig wollte ich sogleich zustimmen, blickte aber zuvor noch zu Brecht hinüber, der sich quer auf einen kleinen Stuhl gesetzt hatte, und wußte, was die Stunde geschlagen hatte.

»Nein, nein – dazu habe ich keine Lust«, schlug ich das mir sehr willkommene Angebot ab. Mein Vetter verabschiedete sich dann, weil er noch zu einer Übungsrunde mit seinen Musikern mußte, und ich brachte ihn zur Wohnungstür. Auf dem Weg dorthin flüsterte ich ihm heimlich zu, daß ich sehr wohl zu kommen beabsichtige. Für Brecht, der inzwischen aus dem kleinen Stuhl in den großen Ohrensessel meiner Tante übergewechselt war, schien das Thema erledigt, denn es gab keine Diskussion mehr darüber. Für ihn war die Entscheidung gefallen. Kein Tanz. Weder mit ihm noch ohne ihn.
Doch auch ohne Diskussion war für mich Vorsicht geboten.

Der Münchner Fasching war noch keine acht Tage alt, da rief ich meinen Vetter an und machte den von ihm angeregten Termin aus. Noch heute muß mir unklar bleiben, wie ich den Mut für diese Tat aufbrachte.
Meine Leidenschaft fürs Tanzen hatte mich leichtsinnig gemacht. Ich fürchtete mich nicht einmal davor, daß Brecht etwas erfahren könnte, und machte mich auf den Weg. Für mich war Tanzen nun einmal das schönste Vergnügen. Ich fühlte mich dabei so richtig in meinem Element.
An dem bewußten Abend hatte ich mich scheinbar zufällig nicht mit Brecht verabredet. Rechtzeitig ging

ich aus dem Haus, um ja nichts zu versäumen, denn diesen Abend wollte ich zur Gänze auskosten.
Der Abend begann auch wundervoll. Mein Vetter kümmerte sich sehr um mich, und ich hatte auch immer einen Tänzer.
Es waren noch nicht einmal zwei Stunden vergangen – wir tanzten gerade die Française –, da stand Brecht im Mantel am Rande der Tanzfläche und winkte mir zu. Ich nahm allen Mut zusammen und beachtete ihn kaum. Brecht begann nun, die Variationsmöglichkeiten der gemeinsam vereinbarten Handzeichen durchzugehen – allein es nützte nichts, ich tanzte weiter, und in mir gewann so etwas wie Wut Oberhand. Wie kommt er nur auf die Idee, mich wie ein kleines Schulmädchen von der Tanzfläche zu holen! Nein – die Française wurde nun erst recht zu Ende getanzt.
Als dann der Tanz beendet war, mußte ich an Bert vorbei. Er hatte sich schon so günstig gestellt, daß mir kein anderer Weg blieb. Er nahm meine Hand und wollte mich wortlos aus dem Saal führen. Ich weigerte mich zu gehen.
Dieser Widerstand war ihm neu.
Also ließ er meine Hand los und redete auf mich ein. Plötzlich sagte er entschlossen: »Wenn du nicht sofort mit mir mitgehst, dann ist es aus zwischen uns.«
Mir war es im Moment egal: »Dann ist es eben aus.«

Auch eine Antwort dieser Art war ihm vollkommen neu.
Er merkte rasch, daß er so nicht weiterkommen würde.
Er wechselte also das Thema und baute seine Argumentationen, die mich zum sofortigen Mitgehen zwingen sollten, anders auf. Er appellierte an meine Mutterliebe, sprach laut und gestenreich und übertönte bisweilen dabei sogar die Musik. Er sprach von unserem kleinen Sohn und erinnerte mich an dessen gerade erst überstandene Lungenentzündung. Er merkte, daß er gut gewählt hatte und sich auf dem richtigen Wege befand.
Seine Formulierungen wurden brillanter. Er sprach von den Pflichten einer Mutter im allgemeinen und von meinem Fall im besonderen. Es könne nicht gut sein, so Brecht, daß die Mutter zum Tanzen gehe, wenn der Sohn krank sei.
Brecht schaffte es: Ich ging mit.
Aber auf dem ganzen Weg zur Schwanthalerstraße ärgerte ich mich darüber, daß Brecht mich so sehr beherrschte. Ohne jede Frage war das nur ein Vorwand, denn ich wußte ja, daß der Kleine die Lungenentzündung gut überstanden hatte. In meinem Zorn beschloß ich auf dem Weg nach Hause, Brecht ein Schnippchen zu schlagen.
So war unsere Verabschiedung vor der Haustür entsprechend kühl und abweisend.

Brecht, der Meinung, mich für diesen Abend nachhaltig beeindruckt zu haben, ging nach Hause. Ich wartete eine Weile in der Wohnung und ging dann wieder in das Tanzlokal. Mein Zorn war verflogen, ich war fröhlich und glücklich darüber, Brecht nun endlich einmal auf diese Art und Weise »hintergangen« zu haben. Jahrelang habe ich mich darüber noch gefreut.

VI

Irgend etwas war zwischen uns zerbrochen, denn wenige Monate später, im Juli 1921, ging ich nach Nürnberg, als Erzieherin.

Ich hatte mich plötzlich zu diesem Schritt entschlossen. Irgendwie hatte ich den Wunsch, mich dem dominierenden Einfluß Brechts zu entziehen. Da war der Ortswechsel die willkommene Möglichkeit. Ich wurde in Nürnberg von einer Witwe engagiert, die drei Kinder hatte und eine Erzieherin suchte.

Unter den Bewerbungen, die damals ja immer zahlreich waren, wählte sie mich aus. Den Grund hat sie mir erst bei meiner Ankunft in Nürnberg verraten: Ich hatte ihr geschrieben, daß ich nichts könne. Das habe ihr imponiert.

Brecht fand sich mißmutig mit meinem Ausflug nach Nürnberg ab. Aber er hielt den Kontakt zu mir und schrieb mir wieder viele Briefe, die freilich mit fortschreitender Zeit immer seltener wurden. Ich redete mir ein, daß er an den Kammerspielen viel zu tun habe, und ahnte nicht, daß er mir untreu wurde. Er fuhr jetzt auch öfter nach Berlin, ich bekam manchmal eine Postkarte von ihm mit dem Berliner Poststempel.

Seine schriftstellerischen Arbeiten nahmen jetzt mehr und mehr Gestalt an. Das blieb mir auch ohne seine besonderen Hinweise nicht verborgen.

Ich selbst empfand die Trennung durchaus als angenehm, und ich bemerkte zu meiner Freude, daß sich die suggestive Kraft und Beherrschung, die er auf mich ausübte, zu lockern begannen. Es gefiel mir gut in Nürnberg, und ich hatte ein angenehmes Leben.

Eines Tages kam ein Brief von einer Freundin, die mir mitteilte, daß mir Brecht untreu sei. Das war für mich schon ein gewisser Schock, aber andererseits wollte ich mich keineswegs wieder unter Brechts Kontrolle begeben. Ich rächte mich, indem ich mich mit einem jungen Mann befreundete, der zumindest äußerlich genau dem entsprach, was ich mir erträumte. Äußerlich, gesellschaftlich und beruflich. Da der junge Mann zugleich Untermieter in unserer Wohnung war, sahen wir uns natürlich sehr häufig.

Mir wurde schnell klar, daß ich mit diesem Mann meinen Eltern eine große Freude machen würde, denn trotz der Widerstände und des Ärgers hatte ich noch eine gute Bindung zu ihnen. Also verlobte ich mich.

Natürlich sollte Brecht diese Neuigkeit sogleich erfahren. Noch am Tage der Verlobung schrieb ich ihm.
Brecht kam unverzüglich nach Nürnberg.
Ich lag krank im Bett, als er an der Tür klingelte. Brecht kam, ohne große Umstände zu machen, in mein Zimmer und blieb einfach da. Da stand er, da war er, da blieb er.
Da mein Verlobter – wie erwähnt – Untermieter im Hause war und Familienanschluß hatte, war es nicht zu vermeiden, daß die beiden einander begegneten. Brecht begrüßte ihn kühl und desinteressiert und kümmerte sich fortan nicht mehr um ihn. Für ihn war er nicht gegenwärtig.
Doch mein Verlobter war auch nicht gerade ein schüchterner Mann. Beide setzten sich also auf mein Bett. Draußen läuteten die Glocken den Sonntagsgottesdienst ein. Die zwei Männer bekämpften sich nicht mit harten Worten, sondern saßen schweigend und stundenlang, kaum die Position wechselnd, auf der Bettkante.
Ich war durch meine Krankheit etwas geschwächt,

und deshalb regte mich die Situation überhaupt nicht auf. Zwischendurch schlief ich – begünstigt durch die absolute Ruhe in meinem Zimmer – immer wieder ein. Nach drei Stunden bat ich dann meinen Verlobten, mir das Kissen aufzuschütteln. Damit wollte ich zugleich Brecht signalisieren, daß ich nicht die Absicht habe, zu ihm zurückzukehren.
Das half nichts. Brecht blieb in Nürnberg.
Und das, obwohl Brecht dringend nach München mußte.

Mein Verlobter mußte am Montag seinen Dienst antreten. Jetzt kam die Stunde von Bert. Er hatte diese Veränderung von Anfang an mit einkalkuliert und geduldig darauf gewartet, bis die Tür ins Schloß fiel und mein Verlobter das Haus verlassen hatte. Nun hielt er stundenlang Vorträge wechselnder Thematik, trank zwischendurch einen Schluck Wasser und schien auf Beifall zu warten. Der jedoch blieb aus. Aber ich bemerkte, wie ich wieder von seiner Ausstrahlung fasziniert wurde.
Ich fühlte mich zwischen den beiden Männern hin- und hergerissen, war aber nach wie vor entschlossen, meine Verlobung nicht zu lösen.
Was half's – Brecht blieb in Nürnberg.
Er setzte zu weiteren Vorträgen an, pausierte kurz und wählte ein neues Thema, das er immer ganz

geschickt in einen Zusammenhang mit unserer gemeinsamen Zukunft zu setzen verstand.
Ich war hartnäckig.
Brecht blieb in Nürnberg.
Die Dame, deren Kinder ich erziehen sollte und bei der ich auch wohnte, zeigte sich sehr großzügig.
Sie lud Brecht zum Essen ein.
Er übernachtete in einer kleinen Kammer dieser Wohnung, wo er für neue Vorträge Kraft schöpfte und auch seine Pausen verbrachte. Obwohl es der Dame mißfiel, daß Brecht so aufsässig war, hatte sie doch schnell gemerkt, daß in ihm ein großer Könner steckte. Natürlich hätte sie mehr Wert auf eine Unterhaltung mit Brecht gelegt, dafür aber blieb keine Zeit. Er war in meinem Zimmer und redete auf mich ein. Der Umstand, daß ich ans Krankenbett gefesselt war, kam ihm entgegen.
Nach fünf Tagen versprach ich ihm, meine Verlobung zu lösen.
Brecht war am Ziel.

Heute weiß ich, daß ich nur durch die ungeheure Suggestivkraft, die Brecht auf mich ausübte, etwas tat, was ich gar nicht wollte. Trotz allem möchte ich aber dazu bemerken, daß ich mich nicht in Nürnberg verlobt hätte, wenn mir Brechts Untreue in München nicht zur Gewißheit geworden wäre.
Aber seine Vorträge in Nürnberg überzeugten mich

von seiner »Unschuld«, und ich glaubte ihm ohne Einschränkungen. Und er hatte sein gestecktes Ziel erreicht.

VII

Dann erhielt ich in Nürnberg die Nachricht, daß mein Vater in Augsburg schwer erkrankt sei. Ich fuhr heim und löste mein Arbeitsverhältnis in Nürnberg auf. Die Krankheit meines Vaters war noch schwerer als von mir angenommen. Wenige Tage nach meiner Rückkehr starb mein Vater.
Brecht war sofort um mich bemüht und wurde mir in diesen schweren Stunden eine große Hilfe. Er suchte die Grabstätte aus, setzte die Todesanzeige auf und half unserer ganzen Familie in diesen schweren Stunden.
Fast gleichzeitig mit dem Tode meines Vaters begann die Inflation. Unser großes Vermögen schmolz dahin. Vaters Einkünfte blieben aus, und da meine Mutter als Arztwitwe keine Pension bekam, nahm ich eine Stelle als Kontoristin bei der MAN an.

Brecht sah ich dadurch jeweils nur an den Wochenenden, wenn er von München nach Augsburg kam. Wir verstanden uns wieder sehr gut. Er arbeitete noch immer an seinem Stück *Trommeln in der Nacht* und schrieb den dritten und insbesondere den vierten Akt öfters um. Immer wieder sprach er mit mir über das Stück und wollte meine Meinung hören. Als ich ihm dann einmal einen Tip gab, der ihm gut gefiel, erzählte er sofort seinen Freunden, daß ich mit ihm zusammen das Stück geschrieben habe, was natürlich nicht stimmte. Ob er mir deshalb das Drama widmete, kann ich nicht sagen. Die Widmung lautete schlicht und einfach: *Der Bi Banholzer.*

Am 23. September 1922 fand die Uraufführung des Stückes *Trommeln in der Nacht* unter der Regie von Otto Falckenberg an den Münchner Kammerspielen statt.

Mit seinem Vater, Berthold Friedrich Brecht, und seinem Bruder Walter fuhr ich von Augsburg nach München.

Brecht war sehr nervös und steckte uns mit seiner Nervosität unmittelbar an. Er schüttelte ohne Grund manchmal seinen Kopf oder machte fahrige Bewegungen mit seinen Händen.

Hier trafen zwei Könner aufeinander: Falckenberg und Brecht. So kann es mich heute nicht mehr wundern, daß die Premiere ein großer Erfolg wurde und langanhaltender Beifall die Schauspieler immer wieder auf die Bühne holte.

Brecht war überglücklich und gelöst. Natürlich wollten wir nun alle miteinander feiern. Jedenfalls hatten wir uns das so gedacht. Immer wieder redeten wir auf ihn ein, mit uns nach Augsburg zu kommen, aber Brecht wollte in München bleiben. So sehr ich mich mit Brecht über diesen Erfolg freute, so wenig Verständnis hatte ich für diese Entscheidung.

Auch bei seinem Vater und bei seinem Bruder Walter erhielt die Freude über den Erfolg durch seine Entscheidung einen Dämpfer. Aber was blieb uns übrig? Wir fuhren allein nach Augsburg zurück, und während der ganzen Fahrt dorthin dachte ich über unser Verhältnis nach. Denn das war ja nun wirklich neu: Erstmals zog Brecht eine andere Gesellschaft der meinen vor. Das mußte mich nachdenklich stimmen.

War er doch untreu?

Stimmten die Informationen, die mir – wenn auch spärlicher, so doch immer wieder – zu Ohren kamen? Brechts Vater versuchte, mich während der Reise ein wenig zu trösten. Überhaupt war er immer – wenn man das sagen kann – sehr gut zu mir, aber zu einem innigen Kontakt kam es nicht zwischen uns.

Das lag wahrscheinlich auch an mir, denn ich hatte älteren Menschen gegenüber zu viel Respekt und wohl auch nach wie vor zu wenig Selbstbewußtsein. Das konnte ich auch mit meiner Fröhlichkeit nicht überspielen.

Auch die Art, wie Brecht über meine Schönheit, meinen Wuchs, meine guten Eigenschaften sprach und mich anhimmelte, hielt ich eher für verliebte Übertreibung. Dadurch wurde mein Selbstbewußtsein nicht gestärkt.

Aber Brecht kannte mich gut. Vielleicht zu gut. In jedem Fall besser als meine Eltern.
Er bemühte sich schon seit Jahren, mich umzuerziehen. Er brachte mir bei, mich meiner Haut zu wehren, egoistischer zu werden und auch Älteren gegenüber nicht zurückzustecken. Bis zu einem gewissen Grade gelang ihm das auch. Offensichtlich machte dann aber sein suggestiver Einfluß auf mich genau das wieder kaputt, was er gerade aufgebaut hatte.
Ich wurde immer mehr wie er. Jedenfalls kopierte ich ihn da und dort, wie ich es für angebracht hielt.
Und allmählich fielen auch den anderen meine »verrückten Ansichten«, meine Brecht'schen Redensarten und meine »weisen Sprüche« auf. Obwohl ich durchaus bemerkte, daß ich dadurch bei meinen Bekannten nicht gerade gewann, konnte ich nun nicht mehr anders.

In verstärktem Maße sprach Brecht jetzt wieder von unserer Heirat und malte mir unser künftiges Zusammenleben in den schönsten Farben aus. So beeinflußte er mich immer mehr. Ich durfte mir keine Aussteuer anschaffen, weil er mir, wenn wir verheiratet wären, alles in Seide und Batist kaufen würde.

So wirkte er auch ständig auf meine Mutter ein, zu der er nach dem Tod meines Vaters bessere Kontakte hatte.
Meine Mutter ließ sich aber nicht beirren und kaufte meine Aussteuer »heimlich«.
Brecht war der Ansicht, daß ich als seine Ehefrau mit größter Eleganz gekleidet sein müsse, denn je schöner und besser ich angezogen sei, um so mehr könne er es sich leisten, einfach und schlampig daherzukommen.
An seiner einfachen und schlampigen Kleidung hing er geradezu. Das war sicherlich seine Form von Eitelkeit. Vielleicht wollte er auch als Original angesehen werden.
Öfter trug er statt einer Krawatte einen schlichten Schnürsenkel um den Hals, den er sorgfältig band. Oder er schmückte seinen Kragen mit dem nächstbesten Stoffetzen, den er irgendwie bekommen konnte.

VIII

Brecht arbeitete noch immer als Dramaturg für die Kammerspiele, war aber die meiste Zeit in Berlin, wo er bei dem Journalisten Frank Warschauer in der Eislebener Straße 13 wohnte.
Bei einem seiner München-Besuche lud er mich zu einer viertägigen Reise ein, der ich sofort begeistert

zustimmte. Und ich hatte die Wahl: entweder die bayerischen Berge oder die See. Ich entschied mich – die Berge »immer vor Augen« – für die Nordsee und für Helgoland.

Brecht holte mich von zu Hause ab, und es schien mir so, als wenn er sich für die Reise tatsächlich ein wenig fein gemacht hätte. Vielleicht hat auch meine Vorfreude mir da etwas vorgegaukelt, denn inzwischen war ich so sehr auf seine Eigenarten eingestellt, daß sie mir entweder gleichgültig waren oder aber von mir voll akzeptiert und unterstützt wurden.

Wir stiegen in den aus München kommenden Zug und machten uns auf die Fahrt nach Hamburg. Hier hatten wir schon rechtzeitig Bekannte informiert, um bei ihnen Quartier zu nehmen, denn mit finanziellen Mitteln galt es immer hauszuhalten. Das machte mir auch nichts aus.

Da wir gleich am nächsten Tag mit dem Schiff nach Helgoland fahren wollten und zudem von der nicht unbedingt bequemen Bahnfahrt müde waren, habe ich an diesem Abend nicht viel von Hamburg gesehen.

Rechtzeitig standen wir am nächsten Tag auf, denn ich hatte vor, mir nun doch den Hamburger Hafen noch ein wenig anzusehen. Zum ersten Mal in meinem Leben sah ich die Werften, die Elbe, die vielen Schiffe des Hamburger Hafens und spürte die besondere Atmosphäre. Immer wieder sagte ich Brecht,

wie dankbar ich ihm für diese Reise sei. Rein zufällig befand sich unter den Passagieren Werner Krauss, der Schauspieler, der freudig auf Brecht zukam und ihn überschwenglich begrüßte.
Nun war das Thema für Gespräche auf der Reise nach Helgoland vorgegeben: die Welt des Theaters. Obwohl ich mich selbst sehr dafür interessierte – stets zur großen Freude Brechts –, wollte ich doch auch die Eindrücke dieser Reise auf mich wirken lassen und wurde schweigsamer. Brecht machte mich mit Krauss bekannt. Er zeigte mich vor wie einen Besitz, einen Schatz, den ihm niemand wegnehmen dürfe.

Auf Helgoland angekommen, trennten sich dann unsere Wege. Ich habe auch nicht mehr nach Krauss gefragt und war froh, mit Brecht allein zu sein.

Nach zwei Tagen fiel mir dann auf, daß Bert nicht mehr so gut gestimmt war. An mir konnte es nicht liegen: das hätte er mir längst gesagt. Ich sprach ihn direkt darauf an, doch er rückte mit der Wahrheit nicht heraus, wurde aber immer schweigsamer. Dann bemerkte ich, daß er knauseriger wurde und die Pfennige zu zählen begann. Am zweiten Tag gingen wir weder mittags noch abends ins Restaurant zum Essen, sondern kauften uns nur Butter und Brot. Jetzt wußte ich, daß ihm das Geld ausging.

Doch da brauchte er sich nun wirklich keine Gedanken zu machen. Mich störte das gewiß nicht. Ich wollte von ihm nicht verwöhnt werden, das hätte er eigentlich wissen müssen.

Wie zufällig standen wir dann am Abend des dritten Tages vor einer der bekannten Kneipen Helgolands und trafen einen alten Seebären, der sich sehr um uns gekümmert und fast die Funktion eines Reiseführers übernommen hat.

Aus einem Impuls heraus fragte ich ihn, ob er nicht mit uns in die Kneipe kommen wollte. Der Seemann stimmte sofort zu und bestellte sich einen Grog, da er sich eingeladen wähnte. Brecht bezahlte auch diesen Grog, machte mir dann aber doch wegen meiner Unbedachtsamkeit Vorwürfe. Das Geld reichte nun gerade noch für die Heimfahrt.

Auf dem Schiff klagte Brecht plötzlich über Ohrenschmerzen, die sich ständig verschlimmerten. In Hamburg angekommen, gingen wir zur Wohnung der Bekannten, und Brecht suchte sofort einen Arzt auf. Infolgedessen konnte er mir nun auch nicht St. Pauli zeigen, was er mir zuvor versprochen hatte. Ein Freund von ihm, bei dessen Mutter wir in der Nähe des Hafens übernachteten, führte mich dann nach St. Pauli und über die Reeperbahn. Allerdings dauerte unser Bummel nicht lange, denn ich wollte nach Hause und sehen, wie es Brecht ging. Obwohl wir nicht sehr spät eintrafen, schlief Brecht schon.

Gleich am nächsten Morgen fuhren wir nach Berlin weiter, und zu meiner Freude teilte mir Brecht mit, daß seine Ohrenschmerzen allmählich nachließen. Brecht mußte in Berlin bleiben, und ich fuhr allein nach Hause. Offensichtlich hatte er sich wieder etwas Geld besorgt, denn auf dem Bahnhof kaufte er mir ein Sitzkissen für die Fahrt, damit ich nicht so lange auf den Holzbänken sitzen mußte. Das sind auch Kleinigkeiten, die man nie vergißt.

IX

Im Herbst des Jahres 1922 sahen wir uns wenig, denn Brecht kam selten nach Augsburg. Aber er schrieb mir wieder so häufig wie früher. Oft stand nur sein Name im Brief, und ich wußte dann, daß er viel Arbeit hatte, aber trotzdem immer an mich dachte.
Später kam Brecht dann von Berlin wieder nach München zurück, und wir trafen uns fast regelmäßig an den Wochenenden.
Während der Woche ging ich meiner Arbeit bei der MAN nach.

Eines Morgens erhielt ich im Büro einen Anruf von Brecht, dessen Stimme ungewöhnlich aufgeregt klang.
Er beschwor mich, ich solle unter keinen Umstän-

den den Herrn, der mich in Kürze anrufen würde, sprechen oder ihn empfangen. Alles nähere würde er mir erklären, wenn er am Wochenende wieder in Augsburg sein würde.
Das zu versprechen fiel mir nicht schwer, denn Brecht hatte sicherlich seine Gründe, um mich besorgt zu sein.
Es vergingen nur wenige Minuten, bis sich am Telefon meine Mutter meldete. Bei ihr sei ein Herr, der mich dringend zu sprechen wünsche. Ich war durch die Warnung Brechts vorbereitet und sagte sofort, daß ich unter keinen Umständen mit diesem Herrn sprechen wolle. Nun wurde meine Mutter am anderen Ende der Leitung deutlicher und beschwor mich, unbedingt mit dem Mann zu sprechen.
Für mich war die Sache jedoch schon erledigt, und ich blieb bei meinem klaren Nein.
Mit meinen Gedanken war ich schon längst wieder woanders, als nach einer halben Stunde der Pförtner bei mir anrief und sagte, daß ich doch bitte ins Sprechzimmer kommen möge.
Als ich eintrat, kam mir der Herr entgegen, der mich dringend sprechen wollte. Er stellte sich als ein gewisser Oskar Camillus Recht, der Verlobte von Marianne Zoff, vor und eröffnete mir, daß seine Braut – ich möge seine Verzweiflung verstehen – ein Kind von Brecht erwarte.
Glücklicherweise saß ich inzwischen auf einem

Stuhl, sonst hätte es mich glatt umgehauen. Aber ich ertappte mich dabei, wie ich mit den Händen nach der Lehne griff, um das Gleichgewicht zu halten.
Ich stammelte etwas, das sich so anhörte wie: »... aber ich bin doch mit ihm verlobt.«
Er sei ja auch mit der Marianne verlobt, und deswegen sei er nun zu mir gekommen, erwiderte der nervös auf und ab gehende Herr Recht. Jetzt müsse etwas geschehen, und zwar sofort.
Ich stimmte seinem Vorschlag zu, sofort mit ihm nach München zu fahren. Am Hauptbahnhof in München würde uns Marianne Zoff erwarten. Gemeinsam wolle man dann Brecht stellen und zur Verantwortung ziehen.
Wie im Traum sah ich mich im Zug nach München sitzen, sah mich auf dem Hauptbahnhof Marianne Zoff begrüßen. Mit einem Taxi machten wir uns daran, Brecht zu suchen.
Nach einigen Fehlschlägen stöberten wir ihn in den Kammerspielen auf. Entschlossen bestellten wir Brecht in ein Café in der Maximilianstraße. Herrn Recht nahmen wir zu der bevorstehenden Unterredung nicht mit. Er zog es vor, bei einem Spaziergang an der Isar Ablenkung zu suchen. Als wir dann endlich Brecht gegenübersaßen und beim Kellner Tee bestellt hatten, ergriff Marianne Zoff das Wort. Sie war älter als ich, wie ich zu meiner Freude merkte, und konnte ihn wesentlich besser zur Rede stellen.

Brecht jedoch war nicht aus der Ruhe zu bringen. Auf die Frage, wen er denn nun eigentlich zu heiraten gedenke, entgegnete er etwas zynisch und durchaus belustigt: »Alle beide«.
Marianne Zoff hielt ihm dann eine lange Moralpredigt und ließ ihn dabei nicht zu Wort kommen. Aus der Rede hat er sicherlich nicht viel lernen können, aber immerhin hörte er aufmerksam zu. Abschließend sagte Marianne, daß sie auf ihn verzichte, und verließ ohne Gruß kurzerhand das Lokal.
Brecht ließ sie gehen und schaute ihr nicht einmal nach. Mich dagegen sah er beglückt an und streckte dann die Hände nach mir aus. Aber ich sagte traurig: »Nein, Bert, ich will dich nicht mehr heiraten«, und zog meine Hände zurück.
Dann eilte auch ich aus dem Lokal, vor dem Marianne in einigem Abstand wartete. Danach trafen wir uns wieder mit ihrem Verlobten, der sehr froh war, seine Braut wiederzuhaben.
Wir suchten uns ein nettes Restaurant – mittlerweile war es Abend geworden – und bestellten uns ein Abendessen. Beim Abschied sagte mir Marianne, sie nehme an, daß Brecht nun bereits zum Hauptbahnhof geeilt sei und sich im Zug nach Augsburg versteckt halte. Aber das wollte ich nicht glauben.

Und doch, kaum hatten wir den Bahnhof von Pasing hinter uns gelassen, da erschien an meinem Abteil

2. Klasse der Bert und signalisierte unzweideutig, daß ich zu ihm auf den Gang hinauskommen sollte.

Ich sah über ihn hinweg und blieb sitzen. Nachdem seine Regieanweisung nicht befolgt wurde, machte er die Tür einen kleinen Spalt weit auf und bat mich mit flüsternder Stimme hinaus auf den Gang.

Ich schaute ihn nicht an. Doch die anderen Fahrgäste begannen, sich verstärkt für ihn zu interessieren.

Aber das kümmerte ihn wenig.

Immer wieder sprach er, allmählich lauter werdend und auf weitere Handzeichen verzichtend, seine Bitte aus.

Irgendwann mußte ich zuletzt ja doch aus dem Abteil heraus. Im Augsburger Hauptbahnhof nahm er mich bei der Hand und ließ mich nicht mehr los, obwohl ich ihn flehentlich bat, mich doch endlich in Ruhe zu lassen.

Er hatte mich zu sehr enttäuscht, und ich konnte kein Vertrauen mehr zu ihm haben.

Aber was war zu tun?

Wie nicht anders zu erwarten, gab er nicht nach, bis ich einwilligte, mit ihm in ein Café zu gehen und anzuhören, was er mir zu sagen hatte.

Wir hatten kaum Platz genommen, da sprach er schon von seiner großen Liebe zu mir. Keine andere Frau könne sich mit mir messen, und nur mit mir könne er glücklich sein.

Ich zeigte keinerlei Reaktion.

Er wechselte das Thema, sprach jetzt nicht mehr von mir, sondern klagte mir sein Leid, daß er infolge dieser fatalen Geschichte von Marianne Zoff gezwungen würde, sie zu heiraten. Er aber liebe nur mich und könne gewiß nicht mit der Marianne zusammenleben wie mit mir.
Was Wunder: Brecht schaffte es wieder, und wir versöhnten uns nach einer knappen Stunde. Als Höhepunkt der Versöhnung vereinbarten wir einen Hochzeitstermin für die allernächste Zeit. Brecht blieb an diesem Abend in Augsburg und fuhr erst am nächsten Morgen nach München zurück.

Von nun an sahen wir uns ohne Ausnahme regelmäßig an jedem Wochenende. Die Zeit verging, und je näher der Termin rückte, desto weniger wurde davon gesprochen.
Mir war das aber nicht unlieb, denn ich war erst einundzwanzig Jahre alt und wollte eigentlich noch nicht so schnell heiraten.
Bei einem Sonntagsspaziergang in den Augsburger Lechauen an einem schönen Herbsttag rückte Brecht nun doch damit heraus, was ihn schon lange bedrückte.
Er müsse Marianne Zoff heiraten, weil sie ihm keine Ruhe mehr lasse. Er aber wolle nur mich heiraten und nicht Marianne, und deshalb habe er sich folgendes ausgedacht …

Nun – sein Einfallsreichtum war mir bekannt, und ich wartete gespannt auf seine Ausführungen. Da es Marianne nur des Kindes wegen um eine Heirat zu tun sei, wolle er ihr diesen Wunsch erfüllen. Sobald aber das Kind geboren sei, müsse Marianne in die Scheidung einwilligen, damit er mich anschließend heiraten könne.
Ich erklärte mich schließlich damit einverstanden, und Brecht setzte tatsächlich mit Marianne einen Vertrag auf, in dem diese sich bereit erklärte, in die Scheidung einzuwilligen, sobald das Kind auf der Welt sei.
Ich bekam feierlich und mit schönen Worten eine Ausfertigung des Vertrages überreicht, die ich sorgsam aufbewahrte.
Jetzt aber verlangte ich von Brecht, daß er unmittelbar nach der Eheschließung zu mir nach Augsburg kommen solle. Ich würde ihn auf dem Bahnhof abholen.
Brecht versprach dies, ohne zu zögern, und kam tatsächlich zwei Stunden nach dem von ihm genannten Hochzeitstermin am 6. November nach Augsburg.
Später erfuhr ich, daß die Hochzeit bereits am 3. November in München stattgefunden hatte und daß Brecht mit Marianne Zoff auf drei Tage verkürzte Flitterwochen erlebte.

Wenn ich Bert auch glauben wollte, daß er guten Willens war, das auszuführen, was im Vertrag stand, so litt unser Verhältnis durch diese Ereignisse doch deutlich.
Von einem Rechtsanwalt, den ich wegen des Vertrages befragte, erfuhr ich, daß ein solcher Vertrag wider die guten Sitten verstoße und damit ungültig sei. Aber ich bin heute noch sicher, daß Brecht das nicht gewußt hat. Andererseits kannte ich Brecht zu gut, um nicht zu wissen, daß er eine so unangenehme Sache wie diese Scheidung hinausschieben würde.
Meine Bekannten bestürmten mich immer mehr, von Brecht abzulassen. Wie ich denn dazu käme, einem Menschen wie ihm Glauben zu schenken …

X

Das Jahr 1923 brach an, und unsere Verbindung riß noch immer nicht ab. Am 12. März dieses Jahres wurde Brechts Tochter Hanne Marianne – die Schauspielerin Hanne Hiob – geboren. Seine Ehe war zwar mehr oder weniger nur auf dem Papier gültig, sie sollte aber erst im Jahre 1927 geschieden werden.

In diesem Frühling des Jahres 1923 nach der Geburt seiner Tochter sahen wir uns von Zeit zu Zeit immer wieder.

Zur Uraufführung seines Stückes *Im Dickicht der Städte* am 9. Mai 1923, im Residenztheater in München, lud er mich ein.
Ich war ganz beglückt über diese Einladung und wollte auch ihm zu Ehren elegant auftreten, wie er es sich ja immer wünschte. Also ließ ich mir für diese Aufführung ein besonders elegantes Abendkleid aus schwarzer, glänzender Seide arbeiten und war sicher, Brechts Begeisterung zu wecken.
Es war ein tief ausgeschnittenes, eng anliegendes Stilkleid mit engen, langen Ärmeln und stark betonten Hüften. Dieses Kleid war längere Zeit das Tagesgespräch der Gehilfinnen des Modeateliers gewesen. Zu dem Kleid besaß ich einen Tüllschal mit eingewirkten Goldblättchen, die ein herrliches Motiv ergaben. Da aber vor kurzer Zeit erst Frau Feuchtwanger – mit der ich heute noch freundschaftliche Bindungen halte – den gleichen Schal auf dem Foto in einer Illustrierten getragen hatte, ließ ich den Schal lieber zu Hause, denn es hätte doch so ausgesehen, als wenn ich ihr etwas nachmachen würde.
Frauen sind auf diesem Gebiet manchmal etwas eigen.

Ich fuhr am späten Nachmittag des 9. Mai nach München und trug mein Kleid in einem Koffer bei mir.
Bei meiner Tante, die ich rechtzeitig von meinem

Kommen unterrichtet hatte, konnte ich mich in Ruhe umziehen. So schien es mir jedenfalls bei meiner Ankunft.

Meine Tante begrüßte mich freundlich. Es ging ins Theater, also gab es keinen Widerspruch, obwohl es sich um die Uraufführung eines Brecht-Stückes handelte. Sei's drum – Theater war für sie Theater, ob mit oder ohne Brecht. Sie wagte ohnehin kaum noch, etwas zu sagen, denn inzwischen war ich mündig, war älter und reifer geworden.

Mit dem Umkleiden jedoch begann das Drama vor dem Drama. Es klappte alles nicht so schnell, wie ich mir das gedacht hatte. Ich mußte allein arbeiten, da meine Tante Besuch hatte, und wir waren ja durchaus auch der Ansicht gewesen, daß ich es schaffen würde.

Aber ich schaffte es nicht.

Ich kämpfte mit den Haken und den Ösen dieses Kleides. Kaum hatte ich glücklich eine Öse zugehakt, sprang die zuletzt geschlossene wieder auf. Das wurde allmählich zu einem Geduldsspiel. Endlich hatte ich es mit Verrenkungen und immer zäher werdendem Einsatz erreicht: Ich war angezogen.

Aber jetzt traf das telefonisch herbeigerufene Taxi nicht rechtzeitig ein. Da ich mit meinem extravaganten Kleid nicht die Straßenbahn nehmen wollte, wartete ich schicksalergeben auf das Taxi. Nach langer Wartezeit kam es endlich. Ich sah auf die Uhr.

Viertel nach acht. Die Uraufführung war auf acht Uhr angesetzt. Erstmals würde ich ausgerechnet heute zu spät ins Theater kommen.

Im Taxi malte ich mir dann aus, daß ich heimlich, still und leise in den Zuschauerraum schleichen würde, möglichst unbemerkt. Als endlich das Taxi vor dem Residenztheater hielt, bemerkte ich Brecht, der vor dem Theatereingang ungeduldig von einem Bein auf das andere hüpfte. Er fing sich schnell, als er mich sah, und riß die Tür meines Taxis auf.

»Du hast noch nichts versäumt«, sagte er, »ich habe noch nicht anfangen lassen.«

Darüber erschrak ich sehr. Aber er machte mir keinerlei Vorwürfe. Er bot mir seinen Arm, geleitete mich hinein in das ausverkaufte Theater, wie man eine Königin geleitet, und setzte sich mit mir in die erste Reihe. Im Theater war schon eine gewisse Unruhe entstanden, und man fragte sich, warum denn noch immer nicht begonnen werden konnte.

Als wir Platz genommen hatten, ging sofort das Licht aus, und die Vorstellung begann.

Das Stück selbst verursachte einen großen Tumult unter den Zuschauern.

Es wurde gepfiffen und getrampelt, und ich war froh, als es zu Ende war, denn Brecht tat mir leid.

Er wußte aber von Anfang an, daß in einer Stadt wie München mit selbstbewußtem Publikum ein Theaterskandal eher gegeben war als beispielsweise

in Augsburg, und er war nach Ende der Vorstellung konzentriert, gefaßt und ruhig.
Wir sollten nun – so schlug er vor – die Premiere, die ja danebengegangen war, ganz allein feiern. Wir nahmen eine Flasche Sekt, die Brecht von Freunden geschenkt bekommen hatte, und gingen zu Fuß zum Café Fahrig am Karlstor. Brecht ließ sich vom Kellner den Sekt einschenken und machte später ein völlig enttäuschtes Gesicht, als dieser Korkgeld verlangte. Mir gegenüber betonte er aber gleich, daß es ihm nichts ausmache, denn für ihn sei die Hauptsache, daß er nach dieser Premiere mit mir allein sei.
Länger als zwei Stunden konnten wir nicht bei der einen Flasche Sekt sitzen bleiben, und Brecht brachte mich nun zu Fuß zur nahen Schwanthalerstraße. Mit ihm auf der Straße machte es mir nichts aus, das Kleid zu schwenken. Allein hätte ich das nicht gewagt. Und Brecht war das recht so. Ich elegant neben ihm, und er – wie üblich und von ihm gewünscht – bescheiden.
Natürlich fragte meine Tante mich gleich nach dem Stück. Ich berichtete durchaus begeistert und verschwieg die Proteste der Zuschauer. Warum sollte ich ihr das auch erzählen?
Brecht wird – so meine ich heute – danach noch zu seinen Freunden gegangen sein, um weiter zu feiern. Gesagt hat er mir das aber nie. Er wollte sicherlich

nicht, daß ich bei der Feier zu später Nachtstunde noch dabei war.
Am nächsten Tag fuhr ich nach Augsburg zurück.

XI

Unser Verhältnis lockerte sich wieder, und wir trafen uns nicht mehr so oft. Ich meldete mich in Augsburg zu einem Tanzkurs an und lernte dort junge Männer kennen, die ganz anders waren als Brecht. Sie führten mich zum Tanzen aus und achteten auch mehr auf ihr Äußeres. Brecht fuhr wieder öfter nach Berlin, und wir sahen uns nur noch sehr selten. Der Magnetismus, den Brecht auf mich ausübte und der mich ihm hörig machte, ließ nach. Die Entfernung ist da eine große Hilfe. Die Inflation begann zu galoppieren, und damit bewegten mich neue, andere Eindrücke, die uns alle betrafen.
So fand ich immer mehr Geschmack an der Vorstellung eines mehr bürgerlichen, geregelten Lebens.
Ich schloß mich einem Mann an, bei dem diese Voraussetzungen im Überfluß vorhanden waren. Als Brecht dann wieder einmal nach Augsburg kam – sein erster Gang war stets zu mir –, sagte ich ihm, daß ich die ungewisse Sache mit seiner Scheidung nicht mehr abwarten wolle und mich entschlossen habe, einen einfacheren Mann zu heiraten.

Sobald Brecht erfahren hatte, daß dieser »einfachere Mann«, Hermann Groß, bei uns ein und aus ging und von meiner Mutter sogar akzeptiert wurde, war er wieder außer sich und kam auf der Stelle in meine elterliche Wohnung, wo er den Rivalen anzutreffen hoffte.

Dies war dann auch der Fall.

Meine Nervosität war sehr groß, als die beiden Männer aufeinandertrafen.

Brecht, ruhig und überlegen – sich seiner Möglichkeiten bewußt. Hermann Groß offen, streitsüchtig, kämpfend bis zum letzten, nicht mehr Herr seiner selbst und daher unterlegen.

Drei Stunden ohne Unterlaß stritten sich die beiden in meiner Gegenwart um mich, der eine ruhig, der andere heftig.

Hermann Groß wäre sogar im Vorteil gewesen, denn er fragte Brecht, was er denn eigentlich wolle: Er sei schließlich verheiratet, und was er denn eigentlich einer Frau bieten könne außer einem unsicheren Einkommen und einer unsicheren Existenz. Brecht habe doch nicht einmal sein Studium vollendet.

Er – Groß – dagegen sei gesund und kräftig, hätte einen richtigen Beruf erlernt und würde mich auf Händen tragen.

Ich bemerkte, daß Hermann Groß im Gespräch meinen mir von Brecht gegebenen Kosenamen Bi verwendete. In mehr oder weniger regelmäßigen Ab-

ständen betonte Hermann Groß immer wieder, daß er mich auf Händen tragen würde.
Brecht gab sich gar nicht erst die Mühe, sich diesen Vorwürfen zu stellen Er sagte einfach: »Die Bi weiß ganz genau, wie sie sich entscheiden muß. Sie weiß, daß ich mich scheiden lasse, um sie zu heiraten, denn sie ist meine Braut.«
Brecht wußte genau, daß mir diese Art der Argumentation und der Verteidigung gegen die Angriffe von Hermann Groß viel besser gefiel und imponierte, und deshalb sagte er abschließend: »Die Entscheidung liegt nun bei der Bi, und wie sie sich entscheidet, haben wir uns zu fügen.«
Und ich entschied mich einmal mehr für Brecht. Bert verabschiedete sich von meinen Angehörigen und fuhr nach Berlin zurück.
Er hatte seine Mission erfüllt.
Ich begleitete Brecht zur Bahn, und auf dem Weg versicherte er mir immer wieder, daß er sich scheiden lassen werde.
Er winkte mir lange aus dem offenen Zugfenster und warf mir Handküsse zu.

Als ich dann wieder die elterliche Wohnung betrat, saß Hermann Groß noch immer im Wohnzimmer. Völlig apathisch hatte er die Füße ganz eng an den Sessel gezogen und gab kaum Laute von sich. Er lehnte es ab, etwas zu trinken oder zu essen, und

kämpfte gegen die Tränen, die ihm in Abständen immer wieder über die Wangen liefen. Ich setzte mich ihm gegenüber und sah ihn an.
Grenzenloses Mitleid erfaßte mich.
Gegen elf Uhr abends saß er immer noch so da. Dann entschloß er sich, zu gehen.
Ich brachte ihn an die Wohnungstür; dabei wurde mir klar, daß ich Groß begleiten und ihm die Haustür aufsperren mußte, die ab neun Uhr abends verschlossen wurde.
Diese Gelegenheit nutzte Hermann Groß, der sich überraschend gesammelt hatte, um mich nach Strich und Faden zu bearbeiten.
Er bedrängte mich immer wieder, doch meine Entscheidung rückgängig zu machen, und schilderte mein Leben an seiner Seite in den schönsten Worten, die zwar nicht von der Sprachgewalt Brechts geprägt waren, aber durchaus einleuchtend und glaubwürdig klangen. Mein Leben an Brechts Seite dagegen, das habe keine Zukunft. Ich verabschiedete ihn an der Haustüre mit ein paar tröstenden Worten, äußerte mich aber nicht zu seinen Vorschlägen.
Von nun an lauerte er mir täglich auf, wie ehedem Brecht zu seiner Augsburger Zeit. Und jedesmal bearbeitete er mich und redete mit einem Schwall von Worten auf mich ein.
Ich wurde allmählich mürbe.
Brecht war in Berlin und konnte mir nicht zu Hilfe

kommen. Und schreiben wollte ich ihm »mein Problem« nicht.

Nach zwei Wochen erfuhr ich von Informanten, die sich immer schnell erbötig machten, daß Brecht in Berlin noch ein »anderes Eisen im Feuer« hatte. Schließlich war ich des Wartens, der ständigen Ungewißheit und der aufregenden Situationen müde.
Ich setzte mich hin und schrieb einen langen Brief an Brecht. Darin teilte ich ihm mit, daß ich mich endgültig und unwiderruflich für Hermann Groß entschieden habe.
Ich erhielt keine Antwort aus Berlin und wertete das als stilles Einverständnis; heute weiß ich, daß sich Brecht erstmals in seinem Leben, was uns anbetraf, zu sicher war.

Nach einem weiteren Vierteljahr stand ich bereits vor meiner Hochzeit. Hermann Groß wollte kein Risiko eingehen und hatte den Hochzeitstermin so kurzfristig wie möglich anberaumt.
Zwei Wochen vor meiner Hochzeit kam ein Anruf aus Berlin.
Helene Weigel war am Telefon und sagte mir, daß mich Brecht für ganz, und zwar sofort, nach Berlin holen wollte.
Alles sei gelöst.

Er habe mir bereits eine Stelle bei einer Bank besorgt, habe für die gemeinsame Wohnung und für alles andere Sorge tragen können.
Mit dem Befehl, ich solle nun meinen Koffer pakken, beendete Helene Weigel das Gespräch, ohne auf meine Antwort zu warten.
Am nächsten Tag kam Helene Weigel persönlich nach Augsburg. Meine Mutter bot ihr eine Tasse Kaffee an, und wir setzten uns zusammen. Helene Weigel bemerkte schnell, daß ich auf eine sofortige Reise nach Berlin nicht vorbereitet war.
Ich fragte nach Brecht. Sie sagte mir, daß er so schnell nicht von Berlin habe wegfahren können, und daß er deshalb, da die Zeit dränge, sie geschickt habe.
Sicherlich hatte Brecht von meinem Hochzeitstermin erfahren und eine Situation begriffen, die nur noch durch schnelles, entschiedenes Handeln seinerseits zu verändern war.
Helene Weigel sprach lange mit mir, aber sie verfügte natürlich nicht über die Überzeugungskraft von Brecht.
Helene Weigel verabschiedete sich mit verstörtem Gesicht, als sie merkte, daß ich nicht umzustimmen war.

Ich blieb in Augsburg.
Die Trennung von Brecht war endgültig. Unsere Zeit war zu Ende.

Zehn Tage später heiratete ich in Augsburg Hermann Groß, den Kaufmann, an dessen Seite mich ein bürgerliches Leben erwartete. Brecht schloß seine Tätigkeit als Dramaturg an den Münchner Kammerspielen mit einer Inszenierung seines Stückes *Leben Eduards des Zweiten von England* ab.

XII

Weit über fünfzig Jahre sind inzwischen vergangen. Aber immer wieder habe ich mir die Frage gestellt, ob meine letzte Entscheidung richtig war, ob ich damals richtig gehandelt hatte. Und immer wieder komme ich zu dem Schluß, daß meine Entscheidung für mein Leben richtig war.

Sicher: Ich habe danach ein bürgerliches Leben und eine bürgerliche Ehe geführt.

Was aber hätte mich an der Seite Brechts erwartet?

Seine ständigen Abenteuer mit anderen Frauen.

Die Emigration. [Februar 1933]

Die Rückkehr nach Deutschland. [Oktober 1948]

Ein zermürbendes Leben, das mir eher für einen Mann als für eine Frau wünschenswert und geeignet erschien.

Manchen meiner Bekannten ist es noch heute unverständlich, warum ich nicht »die Frau des großen Dichters Brecht« wurde.

Unverständlich für manche – bestimmt.
Aber ich habe sehr intensiv mit Brecht gelebt; die Jahre mit ihm zählten doppelt und dreifach, und eine Steigerung in einer Ehe wäre kaum vorstellbar und denkbar gewesen.
Die Zeit mit ihm möchte ich nicht missen, und ein Stück Brecht ist immer bei mir geblieben.
Es hat mich sieben Jahre meines Lebens begleitet. Es wäre vermessen, vom Schicksal noch mehr zu verlangen.

Gespräch mit Paula Groß, geb. Banholzer

Das Gespräch mit Paula Banholzer wurde im Zusammenhang mit der Veröffentlichung ihrer Erinnerungen geführt. Ebenso wie das nachfolgende Gespräch mit Marianne Zoff-Brecht-Lingen, der ersten Ehefrau von Bert Brecht.

WILLIBALD ESER UND AXEL POLDNER: *Auf der Straße drehen sich die Leute nach Ihnen um. Der Taxichauffeur, ein griechischer Gastarbeiter, erkennt Sie sofort. Er nennt Sie beim Namen.*
»Das ist die Bi, die Geliebte des Dichters Brecht« – sagt er.
PAULA GROSS: Daran ist das Fernsehen schuld, da gab es einen Beitrag über Brecht und mich …

Sie waren seine Geliebte als junges Mädchen. Das wußten nicht viele, jetzt wissen es mehr, auch die unmittelbaren Nachbarn.
Stört Sie das?
Eigentlich nicht …

Ihre bürgerliche Herkunft verbot ein solches Verhältnis. Ihre Eltern waren dagegen, sie mochten Brecht nicht, er fügte sich nicht in das Klischee, in dem schon ein Platz für das Töchterchen reserviert war. Ein Kaufmann, ein Bankangestellter, ein Beamter in höherer Position, vielleicht sogar ein Arzt – solche Herren wären der Familie sicherlich als Schwiegersöhne willkommen gewesen.

Brecht wollte meinem Vater zuliebe Medizin studieren, er hatte das Studium tatsächlich angefangen. Er wollte, wenn es meinem Vater recht gewesen wäre, seine Praxis übernehmen.

Wäre es Ihnen recht gewesen?

Ich glaube nein.

Ihre Beziehung zu Brecht war eine »Jungmädchenliebe – mit Folgen«. Bereuen Sie, wozu Sie damals bereit waren?

Nein.

Hat Brecht Sie enttäuscht?

Ja – aber ich hab ihm noch zu seinen Lebzeiten vergeben. Geblieben sind Erinnerungen, die von der Zeit geschliffen und in Ordnung gebracht wurden.

Brecht besaß viel Phantasie, er war schwer in Verlegenheit zu bringen. Sein Verhältnis zur Wahrheit soll recht locker gewesen sein. Erinnern Sie sich eines Beispiels, das dies beweist?

In seinem Tagebuch schreibt er, er habe mir das Schwimmen beigebracht. Das ist gelogen. Ich konnte lange vor meiner Bekanntschaft mit Brecht schwimmen, und er hatte große Mühe, mir im Lech zu folgen. Genauso war es mit den Sommersprossen, die ich angeblich hatte. Auch das hat er behauptet, obwohl ich nicht *ein* solches Ding im Gesicht hatte.

Er hätte sie wohl gern an Ihnen gesehen, diese Sommersprossen. Da Wahrheit und Unwahrheit für ihn so leicht zusammenlagen, hat er sie Ihnen ganz einfach ins Gesicht geflunkert. In seiner Verliebtheit …
… hat er gelogen. Darin war er hemmungslos.

Er soll auf seinem Schreibtisch einen Totenkopf gehabt haben?
Ja, das stimmt.

So etwas stellt man sich ja nicht ohne weiteres ins Zimmer. Was hatte es denn mit diesem Totenschädel für eine Bewandtnis?
Sicherlich hatte Brecht sich etwas dabei gedacht. So überzeugt, wie er von sich war, wollte er damit ohne Zweifel seinen Besuchern imponieren, wollte zum Ausdruck bringen: »Ich habe keine Angst vor dem Tod«.

Hatte der junge Brecht eine Beziehung zum Tod? Hat er über den Tod gesprochen? War der Tod ein Thema?
Der Tod war für ihn kein Thema. Den Schriftsteller Brecht interessierte der Tod nicht. Den jungen herzkranken Mann hingegen beschäftigte er zuweilen schon. Brecht mußte langsam gehen und langsam schwimmen. Ich war ihm immer voraus, weil ich in meiner jugendlichen Unbekümmertheit sein Herzproblem vergaß. Später, als wir erstmals an eine gemeinsame Zukunft, an eine Heirat dachten, sprach er ganz offen über seinen Herzfehler. Mein Gott, dachte ich damals, der stirbt wahrscheinlich früh, und du wirst eine junge Witwe.

Wie alt waren Sie beide damals?
Brecht war einundzwanzig Jahre alt, ich war siebzehn.

Herzkranke brauchen oft Hilfe. Haben Sie ihm einmal eine Hilfestellung gegeben?
Einmal, sehr viel später, als unser gemeinsamer Sohn Frank schon geboren war und ich auf Wunsch meiner Eltern in Kimratshofen leben mußte, wo Brecht mich hin und wieder besuchte, da hörte ich ihn während der Nacht im Zimmer nebenan stöhnen. Ich bin in sein Zimmer rübergegangen und fand ihn schweißgebadet und verängstigt im Bett.

Ihr Vater war Arzt. Haben Sie ihn einmal gebeten, sich um Brecht zu kümmern, ihn zu behandeln?
Nein. Brecht war kein Patient meines Vaters. Ich weiß auch gar nicht, ob Brecht sich damals überhaupt in ärztlicher Behandlung befand.

Wann sind Sie Brecht zum ersten Mal bewußt begegnet? Erzählen Sie uns, wie Sie sich damals kennengelernt haben?
Ich weiß es noch wie heute. Ich bin mit dem Müller-Eisert auf der Augsburger Frölichstraße gestanden. Auf der anderen Seite dieser Straße kam Brecht. Müller-Eisert, ein stiller Verehrer von mir, erkannte Brecht sofort, und der winkte ihn auf seine Straßenseite herüber. Mir schien, als beeilte sich Müller-Eisert außerordentlich, um auf die andere Straßenseite zu kommen.
Die Unterhaltung war relativ kurz. Am nächsten Tage sagte mir Müller-Eisert, er habe Brecht am Abend des gleichen Tages noch einmal getroffen. Bei dieser Gelegenheit machte Brecht dem Müller-Eisert klar, daß er mich unbedingt haben wolle. Müller-Eisert und Brecht waren damals schon bekannt miteinander, und obwohl Müller-Eisert in mich verliebt war, verzichtete er auf mich. Brecht argumentierte so geschickt, daß Müller-Eisert nichts anderes übrigblieb, als mich – in aller Freundschaft, versteht sich – an Brecht abzutreten. Diese »Abtretung« fand ohne mein Wissen und

ohne jeden Anspruch Müller-Eiserts auf meine Person statt. Ich wechselte also die Besitzer, ohne je deren Besitz gewesen zu sein.

Hat Brecht dann versucht, mit Ihnen ein Rendezvous auszumachen?
Mehrmals! Aber ich muß sagen, daß ich damals von Brecht überhaupt nichts wissen wollte und mich bewußt von ihm nicht ansprechen ließ. Dann war ich eines Tages wieder im Turnverein, und eine Mitturnerin, die Maria Amann, sagte zu mir: »Du, da wartet einer draußen.« Als ich rauskam, war es der Brecht. Auch jetzt versuchte er wieder, mich anzusprechen, aber ich ließ mich auf nichts ein. Ich bin ihm danach noch monatelang davongelaufen, aber Brecht zeigte schon damals jene Hartnäckigkeit, die ihm sein Leben lang eigen war.

Für ein junges Mädchen, wie Sie es damals waren, war Brecht sicherlich kein erfreulicher Anblick?
Bestimmt nicht. Er hat mich auch später nur mit seinem Intellekt und seiner Diskussionfähigkeit beeindrucken können. Als ich Brecht kennenlernte, hatte ich andere Verehrer, hübschere, schönere Männer, die auch äußerlich dem entsprachen, was man sich als junges Mädchen wünscht.
Damals war ich eine begeisterte Schlittschuhläuferin, und Brecht brachte es fertig, Schlittschuhlaufen zu

lernen, nur um in meiner Nähe zu sein. Immer wieder wurde ich von Freundinnen darauf aufmerksam gemacht, zum Teil auch verspottet, mit der Bemerkung: »Da – der Brecht läuft schon wieder um dich herum.« Und dann bin ich ihm auch auf dem Eis auf und davon geflitzt, bin in die Eisplatzbude reingegangen, habe meine Schlittschuhe abgeschnallt, während Brecht weiter auf dem Eis nach mir suchte. Inzwischen waren auch die Freundinnen in die Eisbude gekommen, und Brecht kombinierte. »Der Brecht kommt, der Brecht kommt«, riefen sie. Und ich machte mich wieder davon. Ich muß sagen, das hat sehr viel Spaß gemacht, mir genauso wie allen jungen Mädchen, dieses »Immer-wieder-Davonlaufen«.

Wie lange liefen Sie Brecht davon?
Insgesamt fünf Monate. Dann hab ich das erste Mal mit ihm allein gesprochen. Seine Hartnäckigkeit führte ihn schließlich zum Ziel.

Wie kam es nun zu dieser ersten Begegnung unter vier Augen?
Nachdem Brecht in den vorangegangenen Monaten kein Rendezvous mit mir vereinbaren konnte, suchte er sich einen Vorwand. Er weihte seinen Freund Heini Hagg in seinen Plan ein, besprach mit ihm die Textvorlagen und übte dessen Einsatz für ihn bei mir. Heini fragte mich also, ob ich nicht einmal mit

ihm spazierengehen würde. Natürlich sagte ich nein. Jetzt folgte der zweite Teil. Ob ich denn mit ihm und Brecht zusammen spazierengehen würde. Dem stimmte ich zu. Zur Verabredung erschien freilich nur Brecht, und während des Spazierganges schuf er sich alle Möglichkeiten, sich ins rechte Licht zu setzen. Ich sagte kaum ein Wort.

Brecht war nicht gerade sportlich?
Er war absolut unsportlich. Zwar konnte er etwas schwimmen, tat es aber ohne jeden sportlichen Ehrgeiz. Schlittschuhlaufen lernte er nur, um in meiner Nähe zu sein.

Marianne Zoff sprach von Brechts Musikbegeisterung. War Brecht musikalisch?
Ja, sehr. Ich hab ihn einmal gefragt: »Wen hältst du eigentlich für den größten Komponisten?« Und er antwortete: »Bach – Johann Sebastian Bach.«
Brecht dirigierte übrigens auch zu Hause, allein oder in meiner Gegenwart. Er hatte ein kleines Stehpult und einen relativ langen Taktstock. Damit dirigierte er Musik aus dem Gedächtnis. Da er ein besonderes Verhältnis zur Musik habe, erklärte er mir, genüge es ihm, sie im Geiste zu hören. Das Dirigieren sei die notwendige Folge und bereite ihm Vergnügen. Ich muß sagen, das hat mich damals sehr beeindruckt, denn er machte es sehr gekonnt.

Er selbst besaß eine Klampfe und spielte sehr gern darauf. Später unterhielt er bisweilen in Augsburger Kneipen die Gäste mit Musik und Gesang. Dazu trug er seine eigenen Texte vor, freche, kritische Texte.

Diskutierte Brecht mit Ihnen über Bücher und Literatur?

Ja, sehr viel. Er hat mir oft empfohlen, was ich lesen sollte. Und da habe ich ihn eines Tages gefragt, welches Buch er denn für das wichtigste halte, von denen, die er mir laufend empfahl, und Brecht meinte, daß er mir Knut Hamsuns Buch »Hunger« besonders ans Herz legen wolle.

Gab es für ihn noch andere bedeutende Autoren, über die er mit Ihnen gesprochen hat?

Er hat keinen dieser Autoren, über die wir sprachen, sonderlich hervorgehoben, wenn man einmal von Knut Hamsun und vielleicht auch Gerhart Hauptmann absieht. Zu beiden Autoren hatte er ein besonderes Verhältnis.

Hatte er irgendwelche beruflichen Pläne mit Ihnen?

Er hat immer wieder versucht, aus mir eine Schauspielerin zu machen. Schon im Hinblick darauf, mich einmal in einem seiner Stücke, die er frühzeitig plante, einzusetzen. Er sprach damals viel über seine schriftstellerische Laufbahn und er war so überzeugt von seinem Können und seinem Weg als Autor, daß mir gar nichts anderes übrigblieb, als ihm zu glauben. Wenngleich es mir unheimlich vorkam, wenn er sagte, daß er selbst gleich nach Goethe und Schiller einzuordnen sei. Aber er hatte dabei soviel Überzeugungskraft in der Stimme, daß mir gar keine Wahl blieb und ich ihm das im Laufe der Zeit wirklich abnahm.

Wann haben Sie seine Familie kennengelernt?
Ich war achtzehn Jahre alt, als Brecht mich seiner Familie vorstellte. Das Umgekehrte war etwas schwierig, weil mein Vater von Brecht nichts wissen wollte. Mein Vater war voreingenommen, denn er hatte sich mit Brecht bis dahin noch nie unterhalten und kannte ihn nur vom Sehen oder Wegsehen und aus meinen Erzählungen.

Wie hat denn Brecht während Ihrer gemeinsamen Spaziergänge Ihnen den Hof gemacht?
Das will ich Ihnen sagen: Brecht konnte stundenlang erzählen, und ich konnte stundenlang zuhören, weil das, was er sagte, ebenso gescheit wie spannend war. Und eben das hat mir im Laufe der Zeit so imponiert. Die Tatsache, daß er nicht mein Typ war, wie man so sagt, spielte allmählich keine Rolle mehr in unseren Beziehungen. Und deshalb habe ich auch den Widerstand gegen ihn aufgegeben, weil das, was

er mir erzählte, ganz einfach schön war. Ich hörte ihm fasziniert zu und dachte bei mir: Was ist das eigentlich für ein großartiger Mensch!

Was sagte er denn, was Sie so faszinierte?
Die Themen waren vielfältig. Er sprach nicht nur über das Theater oder die Schriftstellerei, er sprach eigentlich über alles, was ihn bewegte. Und wenn ich heute darüber nachdenke, so muß ich sagen, Brecht hat sich mit vielen Dingen beschäftigt.
Einmal übrigens haben wir auch über Religion diskutiert, und er hat mir hierüber einen Vortrag gehalten. Er erklärte mir eines Tages, als seine neueste Erkenntnis gewissermaßen, daß der Katholizismus vielleicht doch die einzig selig machende Religion sei. Da freilich wurde ich skeptisch. Ich wußte, daß Brecht evangelisch war, und ich konnte mir vorstellen, daß Brecht dies nur erzählte, um mir Katholikin zu imponieren. Er flunkerte ja gern, und man mußte bei ihm schon sehr aufpassen, um Dichtung und Wahrheit unterscheiden zu können.

Wieviel Zeit verging, bis Sie erste Zärtlichkeiten austauschten?
Das dauerte einige Zeit. Mag es auch unglaubwürdig klingen, meiner Meinung nach vergingen gut zwei Jahre darüber. Einmal wollte er mich bei einem unserer Spaziergänge in den Augsburger Lechauen

küssen, da bin ich ihm davongerannt. Brecht hatte keine Chance, mich einzuholen. Aber ich habe ihn nicht lange laufen lassen, ich bin stehengeblieben, und wir diskutierten weiter. Dann hat er mich doch geküßt, und ich bin wieder abgehauen und wieder stehengeblieben, so daß er mich einholen konnte.

Wie sprach Brecht mit Ihnen, wie drückte er sich aus? Er hatte ja einen starken schwäbischen Akzent.
Brecht befleißigte sich immer einer sehr feinen und ausgewählten Umgangssprache. Und ich muß Ihnen sagen, daß ich mich vor einiger Zeit sehr geärgert habe, als Marieluise Fleißer im Fernsehen gefragt wurde, warum Brecht in seinem Leben so viele Chancen bei Frauen gehabt habe. Daraufhin antwortete die Fleißer, er habe dies neben anderem seiner obszönen Sprache zu verdanken. Ich muß sagen, über diese Äußerung bin ich heute noch empört, denn ich habe Brecht nie obszön sprechen hören. Um so entsetzter war ich natürlich über die Sprache in seinen ersten Theaterstücken; aber er machte mir immer wieder klar, daß er nur das schriebe, was von diesen Leuten auch tatsächlich gesprochen würde.

Wie lange hat Ihre Freundschaft gedauert?
Ich war sieben Jahre lang mit Brecht befreundet und ich kann Ihnen versichern, daß Brecht in diesen sieben Jahren nicht ein einziges Mal ein unschö-

nes Wort in den Mund genommen hat. Sie werden also meinen Ärger ob dieser Aussage von Marieluise Fleißer verstehen können.
Und in diesen sieben Jahren hat er mich immer behandelt, wie man eine Dame behandelt. Zum Beispiel küßte er mir bei jeder Begrüßung die Hand. Wenn man so will, ein vollendeter Kavalier. Als ich dann sehr viel später meinen Ehemann kennengelernt hatte, sagte Brecht einmal zu ihm: »Ich habe die Bi behandelt wie eine Königin, und ich habe sie auch tyrannisiert, aber sie hat es nie gemerkt.«

Wann haben Sie das erste Mal mit Brecht geschlafen?
Das war etwa zweieinhalb Jahre nach unserem ersten Rendezvous. Brecht wohnte inzwischen in München, und ich war aufs Land gefahren zum Hamstern. Wir hatten vereinbart, daß ich bei meiner Fahrt nach Hause in Augsburg umsteige und weiter nach München fahre. Allerdings wollte ich den Hamsterkoffer nicht mit nach München nehmen. Brecht arrangierte, daß Otto Bezold, der spätere bayerische Staatsminister, zum Bahnhof kam und mir den Hamsterkoffer abnahm. Meine Eltern waren der Meinung, daß ich immer noch auf dem Land bei Verwandten sei, und ahnten nichts von meiner München-Reise.
Als es dann in München Abend wurde, sagte Brecht, er müsse mir ein Hotel suchen. Er wählte den »Reichsadler«, ein Hotel in der Nähe des Haupt-

bahnhofes. Ich hab' mich gefürchtet, allein in das Hotel zu gehen, aber Brecht sagte mir, daß er mitgehen werde, und ich war sehr froh darüber. Ich hatte noch nie allein in einem Hotel übernachtet. Er hat mir dann das Zimmer gezeigt, und ich habe ihn gefragt: »Wo bist du?«, und er sagte: »Ich habe das Zimmer unmittelbar neben dem deinen.« Dann fuhr er fort: »Ich komme noch einen Moment auf dein Zimmer.« Darüber war ich sehr froh, weil ich mich allein fürchtete.

So unglaublich es klingen mag, ich muß doch erwähnen, daß ich zu dieser Zeit immer noch völlig unaufgeklärt war. Ich war also gänzlich unerfahren. Meine Eltern hatten nicht einmal den Versuch gemacht, mich aufzuklären. Brecht fragte, ob er sich zu mir ins Bett legen könne, und auch darüber war ich froh, schon wegen der Tatsache, daß uns beiden dann etwas wärmer werden würde. Als Brecht merkte, daß ich noch Jungfrau war, haben wir die ganze Nacht nicht geschlafen, sondern nur miteinander gesprochen, und Brecht hat mich in dieser Nacht theoretisch aufgeklärt. In dieser Nacht ist nichts passiert. Wenn ich heute daran denke, so möchte ich meinen, daß wohl nur sehr wenige Mädchen so einfühlsam und mit so vorsichtigen Worten aufgeklärt worden sind. Ich denke noch heute gern an die Nacht, die mit Sprechen und Diskutieren wie im Flug verging. Brecht hat mich dabei nicht einmal angerührt.

Das war ein ganz anderer Brecht als der Mann, der das Theaterstück »Baal« geschrieben hat. Übrigens, im »Baal« kommt ein Johannes vor, das ist Brecht selbst, wie er mir wiederholt versichert hat. Und eben dieser Johannes spricht in diesem Theaterstück von seiner Liebe, und damit hat Brecht mich, uns gemeint. Wir haben uns am nächsten Tag auch über Baal unterhalten, und er zitierte daraus. Als er merkte, daß ich ganz entsetzt war, weil mir diese rüde Sprache nicht gefiel, meinte er, er könne doch nichts dafür, daß es auch Menschen gäbe, die so sprächen. »Ich schreibe nur über Zustände und Menschen, die tatsächlich existieren«, sagte er. Und dann erwähnte er erneut, daß Brecht einmal gleich nach Goethe und Schiller kommen würde. Das habe ich mein Lebtag nicht vergessen, weil ich mich fragte: Wie kann ein so junger Mann so von sich eingenommen sein? Aber er war so sehr von sich überzeugt, daß er mich direkt damit ansteckte.

Hatte er denn ein besonderes Verhältnis zu Goethes Werken?

Er hat ihn anerkannt als einen großen deutschen Dichter, aber er sprach sehr wenig über ihn. In diesem Zusammenhang fällt mir ein, daß sich Brecht eines Tages in eine Nische des Augsburger Theaters stellte, sich fotografieren ließ und dann verkündete: »Hier wird eines Tages meine Büste stehen!«

Offensichtlich hat Brecht sehr viel mit Ihnen über seine Theaterstücke gesprochen. Sie müssen sehr anregend auf ihn gewirkt haben?
Ja, das ist richtig. Er erzählte mir auch immer wieder, daß er nachts plötzlich aufwache, gute Einfälle habe und sie sofort notieren müsse.

Lassen Sie uns noch einmal zurückkommen auf Ihre gemeinsame erste Nacht nach der behutsamen theoretischen Aufklärung. Was folgte danach?
Der nächste Tag – da ist es dann passiert. Ich hatte ja auch keine Angst mehr.

Es heißt, Sie seien eine sehr gute und geduldige Zuhörerin für Brecht gewesen. Es gibt Leute, die behaupten, Brecht habe in Ihnen den idealen Menschen gefunden, den ein Autor nötig hat, um seine Vorstellungen von einem Werk entwickeln zu können. Das heißt, er hat mit Ihnen im Detail über seine Stücke gesprochen?
Ja. Ich erinnere mich, daß wir besonders lange über das Stück »Trommeln in der Nacht« gesprochen haben.

Erinnern Sie sich an irgendwelche Einzelheiten, die damals diskutiert wurden?
Leider nein!

Noch einmal zu dem privaten Brecht. War er zärtlich?
Ja, sehr zärtlich und rücksichtsvoll. Er war auch sehr

eifersüchtig. Ich war damals, heute kann ich das ja sagen, ein hübsches Mädchen und ich hatte immer wieder neue Verehrer. Brecht bekam sehr schnell heraus, wer sich für mich interessierte, bestellte die jungen Leute, meist Studenten, zu sich auf sein Zimmer und hielt ihnen einen Vortrag. Am Ende blieb er stets Sieger. Keiner meiner Verehrer, der einmal mit Brecht gesprochen hatte, versuchte, mich wiederzusehen.
Freilich nahm Brecht es bei diesen Unterredungen mit der Wahrheit nicht sehr genau. Er log einfach drauflos und erzählte ungeheuerliche Schauergeschichten über mich. Er machte aus mir ein armes Mädchen, um das er sich zu kümmern habe, und wenn gar nichts zog, dann machte er mich bisweilen auch schlecht. Das half und beeindruckte die anderen. Dichtung und Wahrheit lagen für Brecht sehr nah beisammen, wie Sie wissen. Ihm ist ganz einfach häufig die Phantasie durchgegangen. Jedenfalls war ihm im Diskutieren und Argumentieren niemand gewachsen. Er stellte freilich sein Licht nicht unter den Scheffel und ließ auf Wunsch jeden wissen, was für ein großer Mann er sei und noch werden würde. Lassen Sie mich dazu anmerken, daß mein Vater ein wohlhabender Mann und Brecht am Geld durchaus interessiert war. Aber ich will nicht im Nachhinein unterstellen, daß Brecht es auf mein Geld abgesehen hatte.

Sie sprachen vorhin über die Eifersucht Brechts. Marianne Zoff, die er an Ihrer Stelle geheiratet hat, bestätigt, daß Brechts Eifersucht geradezu krankhaft gewesen sei.
Ja, er war sehr eifersüchtig, extrem eifersüchtig, da hat es für ihn überhaupt kein Maß und Ziel gegeben. Er selbst erlaubte sich jede Freiheit und nahm es, wie ich später feststellen mußte, nicht so genau mit der Treue. Aber darauf werden wir ja noch zu sprechen kommen. Übrigens, Brecht hätte sich trotz seiner relativ geringen körperlichen Kräfte im Ernstfall für mich geschlagen.

Haben Sie einmal mit Brecht über seine Eifersucht, seine Vorhaltungen und Verdächtigungen gesprochen?
Ja, wir haben später – sehr viel später – offen darüber diskutiert. Er erklärte mir, daß er in solchen Situationen zwar äußerlich gelassen und ruhig gewirkt und seine Worte mit großem Bedacht gesetzt habe, daß er aber innerlich bei jedem Wort gezittert und manchmal geglaubt habe, ich würde aufstehen und gehen.

Dürfen wir noch einmal auf die erste gemeinsame Nacht zu sprechen kommen?
Ja. Ich möchte noch sagen, daß ich mich am nächsten Morgen sehr zerschlagen fühlte und starke Kopfschmerzen hatte. Brecht mußte in die Vorlesung, mir empfahl er, in sein Zimmer zu gehen und

mich dort langzulegen. Nach seiner Rückkehr von der Universität ist es dann passiert. Er gestand mir, daß auch ich seine erste Frau gewesen sei. Er erzählte mir, daß ihm Freunde geraten hätten, erste Erfahrungen in einem Bordell zu sammeln. Er betonte, daß er das ganz einfach nicht könne, und wenn er es getan hätte, dann hätte er mich danach sicher nicht mehr anrühren wollen.

Um mit Ihnen zu sprechen, Brecht'sche Dichtung oder Wahrheit?
Sicherlich Wahrheit. Denn so dumm kann sich kein Mann stellen, der schon einmal eine Frau gehabt hat. Brecht war damals einundzwanzig Jahre alt. Er selbst stammte ebenfalls aus einem Haus, für das das Thema Aufklärung ganz einfach tabu war. Vielleicht mag man lächeln über diesen einundzwanzigjährigen Brecht. Ich möchte das nicht. Man darf nicht vergessen, daß es damals schicklich war, beide Ehepartner unerfahren in die Ehe gehen zu lassen. Ich muß Ihnen ganz offen sagen, daß ich das auch vorhatte; und ein anderer Mann hätte mich ganz sicher nicht herumgekriegt. Aber Brecht war eben ein besonderer Mann. Er war eine außergewöhnliche Persönlichkeit.

Wenn man diese Entwicklung von heute aus betrachtet, muß man feststellen, daß Brecht Sie sehr geliebt haben muß. Seine Geduld und Ausdauer sprechen dafür. Er hat über zwei Jahre gewartet, bevor er seine verständlichen Wünsche anmeldete; dann hat er auch noch die Rolle des Aufklärers übernommen, ohne eigene praktische Erfahrung zu haben. So etwas tun Männer nur, wenn sie ehrlich lieben.

Ganz sicher, Brecht war bis über beide Ohren in mich verliebt. Helene Weigel sagte einmal zu dem mir bekannten Doktor Bayerl: »Brecht hat viele Frauen gehabt, geliebt hat er aber nur die Bi.« Und wenn ich heute die Zeit mit Brecht Revue passieren lasse, dann weiß ich, daß dieser Satz der Wahrheit entspricht.

Man spricht in den biographischen Büchern über Brecht selten von Paula Banholzer, Ihrem damaligen Mädchennamen, viel häufiger von der Bi. Was hat es mit diesem Namen für eine Bewandtnis?

Brecht nannte mich »Bittersüß«, und er kürzte im Laufe der Zeit dieses Wort ab: »Bi«. Sich selbst übrigens nannte er »Bidi«, aber ich muß sagen, daß ich nie erfahren habe, was Bidi bedeutete. Jedenfalls sprach er von uns beiden manchmal als von der Bi und dem Bidi.

Wovon bestritt Brecht damals seinen Lebensunterhalt?

Er hatte wie ich einen relativ vermögenden Vater, der als Direktor in der Haindelschen Papierfabrik arbeitete. Der Vater hat ihn monatlich unterstützt. Wieviel er freilich bekommen hat, weiß ich nicht. Allzuviel wird es nicht gewesen sein, wie sich aus dem Brecht'schen Lebenswandel schließen läßt.

Was wollte Brecht denn tatsächlich werden? Die Frage mag läppisch klingen, ist aber berechtigt, wenn man bedenkt, daß er entgegen seinen ursprünglichen Plänen plötzlich mit einem Medizinstudium begann. War es ihm damit ernst?

Für den Augenblick vielleicht, aber nicht für lange Zeit. Brecht wollte immer Schriftsteller werden. Über sein Medizinstudium gehen die Ansichten weit auseinander. Manche behaupten, er habe dadurch seiner kranken Mutter helfen wollen, was nicht stimmen kann; denn Brechts Mutter war zu diesem Zeitpunkt schon unheilbar erkrankt. Andererseits versicherte er immer wieder, er wolle einmal die Praxis meines Vaters übernehmen. Wiewohl mein Vater nie etwas von ihm wissen wollte, bemühte sich Brecht doch immer wieder, einen Kontakt zu ihm zu finden. Doch stets vergeblich. So hat er dann resigniert und das Studium wieder aufgegeben. Aus heutiger Sicht kann ich nur sagen: Wie gut für uns alle, die wir seine Arbeiten kennen, daß er kein Doktor geworden ist!

Warum ist es Brecht nie gelungen, zu Ihren Eltern einen einigermaßen vernünftigen Kontakt herzustellen?
Ich weiß es nicht. Zu einem Teil war sicherlich die berufliche Zielsetzung Brechts daran schuld, denn mein Vater hielt nun einmal nichts vom Beruf des Schriftstellers. Und die Arztpraxis wollte er ihm ja auch nicht überlassen. Damals sagte man: Ein Schriftsteller, was ist das schon? Welche materiellen Sicherheiten kann ein Schriftsteller seiner Familie bieten?
Man war viel materieller eingestellt als heute. Man achtete streng darauf, daß das Töchterchen auch gut unter die Haube kam, achtete darauf, daß die junge Familie eine gesunde finanzielle Grundlage hatte. Bestimmt sind damals viel mehr Geldehen geschlossen worden als heute. Heute heiraten die jungen Leute doch in der Regel mehr aus Zuneigung und Liebe. Sie kümmern sich weniger ums Geld. Die Liebe zählt mehr.

Brecht brach das Medizinstudium also wieder ab. Hat er je zu Ihnen gesagt, daß daran Ihr Vater schuld gewesen sei?
Nein, darüber haben wir nie gesprochen. Ganz sicher hatte sein früher Theatererfolg entscheidenden Einfluß auf diesen Entschluß. Wie Sie wissen, wurde er bald als Dramaturg an die Münchner Kammerspiele berufen, und wie Sie ebenfalls wissen, wurde sein

erstes Theaterstück, »Trommeln in der Nacht«, am 23. September 1922 in diesem Haus uraufgeführt. Fertiggestellt hatte er dieses Stück bereits 1920.

Brecht hatte neben Ihnen schon relativ frühzeitig eine zweite Freundin oder Geliebte. Wußten Sie davon?
Ich habe einiges mitbekommen, zum Beispiel, als ich als Erzieherin in Nürnberg tätig war.

Marianne Zoff spielte damals schon eine wichtige Rolle im Leben Brechts. Sind Sie einander begegnet?
Ich habe Marianne Zoff auf ganz außergewöhnliche Weise kennengelernt. Wenn es Sie interessiert, will ich es Ihnen gerne erzählen. Ich war damals im Büro der MAN-Werke beschäftigt und wurde plötzlich von einem mir unbekannten Mann angerufen, er müsse mich dringend sprechen. Kurz darauf rief Brecht an und bat mich, ich solle um alles in der Welt niemals diesen Mann anhören, er selbst wolle nach Feierabend zu mir kommen und mir einiges erzählen. Der unbekannte Mann rief erneut an. Er bat mich, mich in meinem Büro aufsuchen zu dürfen. Entgegen Brechts Bitte habe ich diesen Mann angehört. Er berichtete mir, daß Brecht mit Marianne Zoff ein Verhältnis habe. Ich bin dann kurz entschlossen mit diesem Herrn Recht nach München gefahren, wo ich durch ihn die Zoff kennenlernte. Wir beide, die Zoff und ich, suchten Brecht und tra-

fen uns schließlich mit ihm in einem Café in der Maximilianstraße, wo wir ihn gemeinsam zur Rede stellten. Einzelheiten über dieses merkwürdige Zusammentreffen erzähle ich an anderer Stelle.

Nahm Brecht Sie denn auch in seine Welt des Theaters mit? Lernten Sie Schauspieler und Regisseure kennen?
O ja, ich war häufig bei Proben in den Münchner Kammerspielen dabei, und ich lernte auch Schauspieler kennen, beispielsweise Werner Krauss oder Elisabeth Bergner. Das waren für mich eindrucksvolle Begegnungen. Ich erinnere mich, daß Brecht von Karl Valentin sehr angetan war. Er hat mich öfter zu Vorstellungen mit Valentin mitgenommen. Auch bei Film-Probeaufnahmen war ich dabei. Natürlich nur als Zuschauerin, nachdem wir sehr früh festgestellt hatten, daß ich für die Schauspielerei kein Talent besaß. Caspar Neher begleitete uns häufig. Man kann sagen, daß Brecht in Caspar Neher seinen besten Freund dieser Jahre gesehen hat.

Warum hat Ihr Vater, ein sehr vermögender Mann, wie Sie selbst betonen, Sie als Kontoristin in einem Lohnbüro bei MAN arbeiten lassen?
Das ist ganz einfach. Mein Vater starb genau zu der Zeit, als die Inflation ihren Höhepunkt erreichte. Da war unser Vermögen schnell aufgebraucht. Ich mußte also arbeiten. Mein Vater hatte zum Beispiel

für 300 000 Mark englische Trambahnaktien besessen, die unsere damalige Regierung gleich zur Tilgung der deutschen Kriegsschuld verwendete. Das ging ruckzuck.

Sie sprechen vom Ersten Weltkrieg. Wie hat Brecht sich während dieser Zeit verhalten?
Er war zunächst sehr begeistert. Sie werden sicherlich einige seiner ersten Gedichte oder Beiträge, die in der »Augsburger Zeitung« erschienen sind, gelesen haben. Er hat das deutsche Heer, überhaupt das Deutsche Reich, auch den Kaiser, bisweilen geradezu vergöttert und von deutschen Heldentaten geschwärmt. Dann aber spürte er den Krieg am eigenen Leib, und seine Einstellung änderte sich. Um den Brecht dieser Jahre verstehen zu können, muß man seine Gedichte und Aufsätze aus diesen Jahren lesen. Brecht war mit Sicherheit von dem überzeugt, was er geschrieben hat. Natürlich kannte ich viele Beiträge und Gedichte teilweise schon vor ihrer Veröffentlichung. Wenngleich ich ihm weniger Hilfe, aber dafür um so mehr Gehör schenkte, achtete er doch sehr auf meine Reaktionen.

Als Brecht ständig in München wohnte und nur von Zeit zu Zeit über das Wochenende nach Augsburg fuhr, da haben Sie sich relativ selten gesehen?
Ich wußte mir zu helfen. Ich hatte in München eine

Tante in der Schwanthalerstraße, und bei der wohnte ich, mit Unterbrechungen. Diese Tante war zwar sehr großzügig, aber zu Brechts Unglück war sie politisch ganz anders orientiert. Die Nationalsozialisten hatten es ihr angetan, und sie wurde dann auch schnell eine richtige Hitlerianerin. Ihr Haß war so groß, daß sie nicht nur passive Abneigung zeigte, sie intrigierte regelrecht gegen Brecht. Freilich brachte sie uns trotzdem nicht auseinander.
Einmal, so erinnere ich mich, war Brecht in der Wohnung meiner Tante während meiner Abwesenheit und durchwühlte wie besessen den Papierkorb nach einem Brief, den mir irgendein Verehrer geschrieben haben könnte. Er hat das in der Wohnung meiner Tante, die im vierten Stock in der Schwanthalerstraße Nr. 4 wohnte, wohl so rabiat getan, daß es ihr zuviel wurde und sie ihn kurzerhand hinauswarf. Wer Brechts Eifersucht kannte, den verwunderte dieses Intermezzo nicht.

Hat Brecht mit Ihnen über Politik diskutiert? Gab es politische Streitgespräche?
Nein, über Politik hat er nicht gesprochen. Und ich frage mich heute manchmal, wie wohl damals seine wirkliche politische Überzeugung gewesen sein mag. Er war wankelmütig und ist wohl sein ganzes Leben lang politisch ein unsicherer Mensch geblieben. Sie wissen ja selbst, daß er nach dem Krieg in Ost-Berlin

arbeitete, dort lebte, aber nie Staatsbürger der DDR war.

Er ist noch im Ersten Weltkrieg eingezogen worden. Ist er mit Begeisterung zu den Soldaten gegangen?
Seine Begeisterung war schon sehr abgeflaut, und er wollte eigentlich nicht mehr Soldat werden. Vor der Musterung hat er dann sehr starken Bohnenkaffee getrunken. Er hat sein sowieso schwaches Herz zusätzlich strapaziert, um freigestellt zu werden. Aber in dem fortgeschrittenen Stadium des Ersten Weltkrieges beeindruckte das den Stabsarzt nicht mehr, und er wurde Sanitäter.

Warum haben Sie sich endgültig von Brecht getrennt?
Aus verschiedenen Gründen, worauf ich noch zu sprechen kommen möchte. Die Trennung fiel mir nicht leicht. Ich habe mich dazu durchringen müssen, mit Brecht Schluß zu machen. Hinzu kam, daß mein späterer Ehemann auf Verlobung und Hochzeit drängte, und ich mich ganz einfach entscheiden mußte. Das war im Jahre 1923. Brecht hatte zwar 1922 Marianne Zoff geheiratet, mir gegenüber aber die Heirat immer als eine Mußheirat hingestellt, die ihm angeblich nichts bedeutete. Hier kann wieder die Formel von der Brecht'schen Dichtung und Wahrheit Anwendung finden. Am liebsten wäre er wohl mit zwei Frauen verheiratet gewesen.

Ging die Trennung sang- und klanglos, so von heute auf morgen vor sich?
O nein. Brecht brauchte seinen großen Auftritt. Er und mein späterer Ehemann trafen sich, und es kam zu der für Brecht unentbehrlichen geistigen Auseinandersetzung. Wie üblich, ging Brecht daraus als Sieger hervor. Das Ergebnis: Ich mußte mich entscheiden. Nach vielen Schwankungen entschied ich mich für meinen späteren Ehemann Hermann Groß.

1919 schon wurde Ihr gemeinsamer Sohn Frank geboren. Hatte Brecht eine Beziehung zu diesem Sohn?
Kaum. Frank sah Brecht sehr ähnlich. Auch auf späteren Fotos ist die Ähnlichkeit nicht zu übersehen. Meiner Eltern wegen mußte ich das Kind außer Haus geben und es im Allgäu erziehen lassen.

Warum haben Sie Ihren Sohn Frank getauft?
Brecht hatte ein besonderes Verhältnis zu Frank Wedekind. Ihm zu Ehren hat er seinen Sohn Frank getauft. Er hat sich auch um das Kind gekümmert. Unter anderem hat er ein von Caspar Neher illustriertes, handgeschriebenes Kinderbuch verfaßt, das leider verlorengegangen ist.

Hat er mit Ihnen über seinen Sohn diskutiert? Hat er sich Gedanken über Franks Zukunft gemacht?
Ja, wir haben oft über Frank diskutiert, schon vor

seiner Geburt. Brecht hatte bestimmte Vorstellungen, was seine Erziehung betraf. Er hatte sich eine ganz eigenartige Methode ausgedacht. Wenn Frank irgend etwas tun würde, was ihm, dem Vater, nicht passe, dann wollte er dieses Tun dennoch unterstützen und fördern. So, meinte Brecht, würde Frank schnell davon ablassen und das Gegenteil tun, nämlich das, was Brecht wollte. Eine eigenartige Vorstellung von Kindererziehung. Er konnte sie nie in die Praxis umsetzen, weil wir nicht mit unserem Kind gemeinsam lebten. Ob Brecht später seine Einstellung zur Erziehung geändert hat, weiß ich nicht. Sicher ist aber, daß er weder ein geborener Ehemann noch Familienvater war und es auch nie geworden ist.

Wo wurde Ihr gemeinsamer Sohn in den ersten Jahren seines Lebens aufgezogen?
Die ersten drei Jahre in Kimratshofen bei dem Wegmacher Stark, danach bei Bauern in Friedberg bei Augsburg, die jeweils von uns Pflegegeld bekamen. Was diese materielle Seite betrifft, so kann ich von Brecht nur das Beste sagen. Um seinem Sohn etwas zukommen zu lassen, hat er selbst nur Rübenmarmelade und trockenes Brot gegessen. In dieser Zeit blieb zuweilen auch die Unterstützung seines Vaters aus.
Mir fällt gerade noch ein Satz ein, den sein Vater einmal in Augsburger Stammtischkreisen gesagt hat:

»Ich bin der Dichtervater, und mein Sohn ist ein fader Dichter.« Tatsächlich aber war Brechts Vater immer vom Weg seines Sohnes überzeugt. Es gibt noch heute Sekretärinnen, die im Werk des Vaters gearbeitet haben, die erzählen, daß sie stundenlang Gedichte und Artikel von Brecht abschreiben und vervielfältigen mußten.

Als Ihr gemeinsamer Sohn älter wurde, welche Berufspläne hatte er dann?
Er wollte Schauspieler werden. Ich bin mit ihm zur Berufsberatung in Augsburg gegangen. Ein schlichter Beamter mit fester Stimme fragte mich: »Hat Ihr Sohn Abitur?« Ich sagte: »Nein!« Darauf der Beamte: »Dann kann er auch nicht Schauspieler werden!« Brecht selbst, der sich über die Berufswahl seines Sohnes sicher gefreut hätte, konnte nicht mehr helfen. Er war 1933 in die Emigration gegangen. Ich habe Frank dann in eine kaufmännische Lehre gegeben.

Von wem haben Sie erfahren, daß Brecht emigriert war?
Ich traf Brechts Vater auf der Straße, während eines Spazierganges mit Frank. Er erzählte mir, daß Bert Deutschland verlassen habe. Er machte einen ganz zerschlagenen Eindruck auf mich und war völlig verwirrt. Er sagte mir, daß Brecht die Staatsangehörigkeit aberkannt worden sei.

Bevor Sie Frank wieder nach Augsburg holten, wo lebte er da?
Nach Kimratshofen schickten wir ihn nach Wien, wo Marianne Zoffs Eltern ihn aufnahmen. Helene Weigel kümmerte sich auch ein wenig um Frank. Die Weigel hatte einen vermögenden Vater, der für Franks Erziehung Geld beisteuerte.

Nachdem Sie Frank wieder in Augsburg hatten, ging er in die kaufmännische Lehre. Wo wohnte er in dieser Zeit?
Bei meiner Mutter. Unmittelbar nach der kaufmännischen Lehre wurde er Soldat.

War sich Frank darüber im klaren, welch bedeutenden Mann er zum Vater hatte?
Sicherlich. Wenngleich der Name Brecht zu dieser Zeit noch nicht die Popularität hatte, die er heute besitzt.

Hatte Ihr Sohn Schwierigkeiten, weil sein Vater emigriert war? Weil seine Ansichten nicht auf der politischen Linie des Dritten Reiches lagen?
Nein. Diesbezüglich hat man sich human verhalten. Ich bin extra zur Stadtverwaltung gegangen und habe gefragt, ob Frank später mit Schwierigkeiten rechnen müsse. Man antwortete mit einem klaren Nein und hielt sich auch daran.

Um nochmals auf Ihren späteren Ehemann Hermann Groß zu kommen: Wann haben Sie ihn geheiratet?
Im Jahre 1924.

Haben Sie keine Chancen gesehen, Frank nun in den gemeinsamen Haushalt aufzunehmen?
Das war ganz unmöglich, weil mein Ehemann Brecht und dessen Sohn geradezu haßte. Ich erinnere mich, wie mein Mann Brechts Tod kommentierte: »Nun ist der Hund doch noch vor mir gestorben.« Brecht hat übrigens auch nach meiner Hochzeit immer wieder versucht, mich zu sehen. Und mein Mann ahnte das wohl, denn er sagte von Zeit zu Zeit zu mir: »Wenn ich dich mit Brecht erwische, erschieße ich ihn.«
Er hätte es wahrscheinlich doch nicht getan, aber er sagte immer wieder: »Den erschieß ich, den Kerl!«

Hat Brecht versucht, Sie nach dem Kriege wiederzusehen?
Ja. Als er sich 1950 in München aufhielt, kam er unvermittelt nach Augsburg. Ich hatte damals kein Telefon, und das Einwohnermeldeamt war geschlossen. So suchte er stundenlang nach mir und fragte Bekannte, aber niemand konnte ihm Auskunft geben.

Hätten Sie Brecht gern noch einmal gesehen?
O ja. Ich hätte gern noch einmal mit ihm gesprochen. Mein Mann ist dann übrigens ein halbes Jahr

nach Brechts Tod ebenfalls gestorben. Daß Brecht vor ihm diese Welt verlassen hat, war ihm eine nicht enden wollende Genugtuung.

Hatten Sie während des Dritten Reiches Schwierigkeiten wegen Ihrer früheren Verbindung zu Brecht?
Nein, zu keiner Zeit.

Hat Brecht erfahren, daß sein Sohn deutscher Soldat werden mußte?
Das hat er sicherlich erfahren. Ich habe es ihm auch geschrieben. Er hat sich dazu aber nicht geäußert. Vielleicht hat er meinen Brief gar nicht bekommen. Der Müller-Eisert hat es ihm auch geschrieben. Müller-Eisert hatte sich als Arzt in Berlin niedergelassen, und Frank weilte dort öfter zu Besuch, während seiner Urlaubszeit als Soldat.

Wann haben Sie Brecht zum letzten Mal gesehen?
Im Jahre 1932. Er kam mit seinem Adler-Automobil aus Berlin, traf mich auf der Straße und nahm mich ein Stück mit. Diese Autofahrt mit Brecht war die letzte, kurze Lebensstrecke, die wir gemeinsam zurücklegten. Ich sagte ihm, daß es für ihn besser sei, sich nicht mehr in Augsburg sehen zu lassen, weil mein Mann ihn erschießen wolle. Brecht nahm das nicht sehr ernst. Wir haben uns danach nicht mehr gesehen.

Wie alles gekommen wäre, wenn Brecht Deutschland nicht verlassen hätte, weiß ich natürlich nicht. Vorstellbar bleibt, daß er immer wieder versucht hätte, mich zu sehen oder zu sprechen. Unser Abschied war durchaus nicht sentimental, weil keiner von uns beiden ahnte, daß diese Autofahrt unsere letzte Begegnung sein sollte.

Sie sprachen von mehreren Menschen, die sich um Ihren gemeinsamen Sohn Frank gekümmert haben. An wen denken Sie dabei?
Die schon erwähnten Eltern von Marianne Zoff, der ersten Ehefrau Brechts, waren Frank sehr zugetan. Auch Helene Weigel bemühte sich um ihn. Dabei fällt mir ein, daß Frank mit zunehmendem Alter immer mehr von der schriftstellerischen Arbeit seines Vaters inspiriert wurde und selbst Schriftsteller werden wollte. Er hat Verschiedenes geschrieben, aber es ist nichts publiziert worden.

Obwohl Frank kaum persönlichen Kontakt zu seinem Vater hatte, hat er ihn doch als Vater akzeptiert?
Natürlich hat er ihn als Vater akzeptiert und er war stolz auf ihn.

Warum haben Sie Brecht nicht geheiratet, nachdem Ihr Sohn geboren war?
Meine Eltern waren strikt dagegen, und ich selbst

war unsicher, ob ich ein Leben an Brechts Seite führen wollte. Brecht war auch gegen eine Ehe zu diesem Zeitpunkt.

Er hat dann aber doch Marianne Zoff geheiratet, als sie *ein Kind von ihm erwartete.*
Auch darauf werde ich noch zu sprechen kommen. Nur so viel sei jetzt schon angemerkt: Ich ahnte, daß diese Verbindung nicht von Dauer sein würde.

Was war der Grund, warum die Ehe mit Marianne Zoff in die Brüche ging?
Marianne Zoff hat ihren Ehemann Brecht mit Helene Weigel im Bett erwischt. Aber möglicherweise hätten die beiden sich auch so getrennt. In dieser Zeit spielte schon Theo Lingen eine Rolle im Leben von Marianne Zoff. Sie erzählte mir damals, daß sie sich zwischen Lingen und Brecht entscheiden müsse.

Brecht hat Ihnen vorgelesen, Brecht hat Ihnen Vorträge gehalten, Brecht ist mit Ihnen spazierengegangen, Brecht ist mit Ihnen ins Theater gegangen, Sie waren sein Premierengast, Brecht ist mit Ihnen in Urlaub gefahren. Was haben Sie noch gemeinsam unternommen?
Eine ganze Menge. Zum Beispiel ist er sehr gerne mit mir auf den Augsburger Plärrer gegangen. Das war ganz seltsam, er hatte eine besondere Beziehung zu Volksfesten. Er hörte gerne den Jahrmarktschreiern

zu, saß auch gerne in Schaubuden und bummelte stundenlang über den Festplatz. Einmal, so erinnere ich mich, habe ich ihn überreden können, mit mir in eine Schiffschaukel zu steigen. Ich hab' wie wild geschaukelt, und Brecht wurde ganz weiß im Gesicht. Wir mußten vorzeitig abbrechen. Er war heilfroh, als er die Schaukel wieder verlassen konnte. Ich habe ihn nie gefragt, warum es ihn so auf die Volksfeste zog. Ich erinnere mich auch, daß er zu einigen Budenbesitzern oder Ausstellern ganz persönliche Beziehungen unterhielt. Er war beliebt und bekannt bei dem fahrenden Volk.

Aber zum Tanzen ist er mit Ihnen nicht gegangen?
Doch, ein einziges Mal waren wir tanzen, zusammen mit Müller-Eisert. Von solchen Veranstaltungen hielt Brecht nicht viel, zu meinem Leidwesen, denn als junges Mädchen wäre ich gern öfter zum Tanzen gegangen.

Wahrscheinlich war er ein schlechter Tänzer?
Ein miserabler Tänzer war er, und er ist dieses einzige Mal nur mir zuliebe in Schwabing mit mir tanzen gewesen. Ich drängte ihn sehr, so konnte er nicht anders. Da er nicht gerne tanzte und man ihm das ansah, forderten mich andere Tänzer auf. Einer dieser Tänzer, ein gutaussehender junger Mann, fragte mich nach dem Tanz, ob er sich nicht mit mir tref-

fen könne. Ich verabredete mich mit ihm für den nächsten Nachmittag um drei Uhr am Justizpalast in München. Das hat Brecht gehört, weil er unmittelbar hinter mir stand, ohne daß ich es bemerkte. Damit fand der erste und einzige Tanzabend mit Brecht ein schnelles Ende. Brecht und Müller-Eisert brachten mich zu meiner Tante in die Schwanthalerstraße. Wir hatten übrigens an diesem Tage auf nüchternen Magen Wein getrunken, und Brecht und Müller-Eisert wurde auf dem Nachhauseweg schlecht. Beide mußten sich übergeben. In meinem jugendlichen Unverstand empfand ich Genugtuung darüber und sah darin eine gerechte Strafe für den vorzeitig abgebrochenen Tanzabend.

Brecht war ja in bezug auf Essen in keiner Weise verwöhnt, vielleicht auch deshalb, weil die schwäbische Küche nicht gerade vielfältig ist.
Besonders gern hat er Schweinekotelett und Pfannkuchen gegessen. Pfannkuchen aß er bei jeder sich bietenden Gelegenheit. In den Münchner Lokalen liebte er den verabreichten Kartoffelsalat, der auf den Speisekarten als »Beil.« bezeichnet stand. Einmal sagte er mir: »Der Münchner Kartoffelsalat ist eine Barbarei, die ich nicht missen möchte.«

Hat er gern gegessen?
Er sprach oft davon, daß er gerne gut essen würde.

Freilich war das damals nur sehr begrenzt möglich. Die Mittel fehlten.

Wie war er angezogen?
Er war bekleidet; wie, das war ihm egal. Auch zu der Zeit, als ihn noch seine Eltern ausstaffierten, lehnte er modische, ansprechende Kleidung ab. Er hatte keinerlei Beziehung zu seinem Äußeren. Trotzdem war er eitel, nur eben anders, und er brachte es fertig, sich schon in jungen Jahren den Haaransatz abzurasieren, um mit einer höheren Stirn intelligenter zu wirken. Als ich ihn einmal auf Kleiderprobleme und seine Ansicht dazu ansprach, sagte er zu mir: »Ich werde dich kleiden wie eine Königin. Du sollst in Seide gehen, dann kann ich es mir leisten, einfache Kleidung zu tragen.«

Hatte Brecht Humor, war er witzig, lustig, lachte er gern?
Ja, er hatte Humor und er lachte auch gern. Aber selber hat er selten Spaß gemacht. Das lag ihm nicht.

Man sagt, Sie seien ihm hörig gewesen?
Hörig war ich ihm sicherlich, allerdings in einem anderen Sinne. Brecht hat mich beherrscht, er hat mich fasziniert, zu jeder Zeit. Aber er hat auch alle seine Freunde beherrscht. Brecht war immer eine dominierende Figur, mit außergewöhnlich hohem und sehr ausgeprägtem Selbstbewußtsein.

Wie vereinbarte sich für Sie das eigentlich: Auf der einen Seite war Brecht ein selbstbewußter Mensch mit großem Können und hohen Ansprüchen, auf der anderen Seite bisweilen ein Angeber und Schwindler?
Das habe ich mir bis heute nicht erklären können. Er mußte einfach von Zeit zu Zeit schwindeln. Er hat auch in seinem Tagebuch mitunter ganz eindeutig die Unwahrheit gesagt. Seine Phantasie spielte ihm da wohl einen Streich.

Möchten Sie die Zeit mit Brecht missen? Wäre Ihr Leben anders verlaufen ohne Brecht?
Diese Zeit möchte ich sicher nicht missen, obwohl er mir zuweilen sehr viel zugemutet hat. Ganz sicher wäre mein Leben letztlich anders verlaufen, wenn es in meiner Jugend keinen Bert Brecht gegeben hätte.
Die Zeit mit ihm war eine große, bewegte und intensiv gelebte Zeit. Ich habe mich zwar an der Seite von Brecht immer als zweitklassig empfunden, und er hat auch keinen Versuch unternommen, mir dieses Gefühl zu nehmen. Er hat mich aber auch gelobt und mich wissen lassen, daß ich das schönste Mädchen sei, das ihm bisher begegnet war. Viele seiner Aktionen waren von großer Fairneß getragen. So ging er zum Beispiel zu meinem Vater und nahm die ganze Schuld auf sich, als unser kleiner Frank unterwegs war. Er hat meinen Eltern gegenüber immer

wieder betont, daß alle Initiative von ihm ausgegangen sei und man mir keine Vorwürfe machen dürfe.

Da Frank unehelich geboren wurde, mußte Bert Brecht offiziell die Vaterschaft anerkennen.
Das hat er ohne jedes Zögern sofort getan, und ich erinnere mich in diesem Zusammenhang an ein besonderes Vorkommnis. Da wurde ihm ein Schriftstück vorgelegt, das er unterschreiben mußte, um durch seine Unterschrift zu bestätigen, daß er der Vater des Kindes sei. Es gab da ein Formular, das bereits ausgefüllt war und auf dem in Schreibmaschinenschrift zu lesen stand: Berthold Eugen Brecht. Brecht nahm seinen Federhalter und setzte von Hand vor seinen Namen die Bezeichnung »Herr«. Das war am 8. April 1920, und Brecht war einundzwanzig Jahre alt. Die Beamten in Kimratshofen waren sehr erstaunt, aber niemand sagte ein Wort dazu.

Nachdem Sie bisweilen und immer wieder mit Unterbrechungen von Brecht getrennt lebten, müßte doch eine umfangreiche Korrespondenz entstanden sein?
Natürlich. Brecht schrieb sehr gern Briefe. Und er schrieb häufig. Ich besaß eine ganze Kiste voll davon. Leider ist ein Teil dieser Briefe verlorengegangen. Einige habe ich dem Stadtarchiv Augsburg übergeben, sie können dort eingesehen werden. Ich habe nur die Kopien behalten.

Welche Anrede benutzte Brecht in seinen Briefen an Sie?
Das war verschieden. In seinen Briefen hat er mich selten mit »Bi« angeredet. Manchmal schrieb er als Anrede: »Meine liebe Geiß«.

Sie sprachen über Ihre letzte Begegnung mit Brecht. Haben Sie danach noch Briefe bekommen?
Nein, danach kam kein Brief mehr. Aber er hat zu einigen Augsburger Freunden Kontakt unterhalten und nach 1945 die ersten CARE-Pakete aus den USA an diese Freunde in Augsburg geschickt. Ich selbst habe mich nie wieder bei ihm gemeldet.

Wenn Sie damals gewußt hätten, daß Brecht einmal ein weltberühmter Mann werden würde, hätten Sie sich ihm gegenüber anders verhalten, wären Sie um jeden Preis den gemeinsamen Weg mit ihm weitergegangen, trotz seiner persönlichen Schwächen, mit denen Sie mitunter zu kämpfen hatten?
Nein, ich hätte mich nicht anders verhalten. Zu behaupten, seine persönliche Entwicklung sei mir gleichgültig gewesen, ist ebenso falsch wie die Vermutung, ich hätte mich im Glanz eines großen Dichters sonnen wollen. Ich mache ohnehin nicht gern viel Aufhebens um meine Person. Ich habe auch erst nach großem Zögern der Herstellung dieses Fernsehfilms mit mir zugestimmt. Den Beitrag, den ich in diesem Buch leiste, hätte ich auch früher veröffent-

lichen können, wenn ich nur gewollt hätte. Angebote dazu gab es, wie Sie sich denken können, genug. Erst Ihre Argumentation, wonach das, was ich weiß, in sachlicher Form festgehalten werden sollte, hat mich überzeugt.

Welches Verhältnis hatte Brecht zum Geld, zu materiellen Dingen überhaupt?
Er war von gemäßigtem Geiz. Vielleicht klingt das etwas hart, aber es ist wahr. Berücksichtigen muß man natürlich auch die Zeit, in der wir lebten. Brecht hatte nichts und mußte sparen. Grundsätzlich bedeutete ihm Geld eine ganze Menge. Grundsätzlich war es ihm auch um einen gewissen materiellen Wohlstand zu tun. Und er hatte diesbezüglich auch seine Pläne. Zu mir sagte er einmal: »Ein eigenes Haus und ein schönes Auto, das darf's schon sein.«
In diesem Zusammenhang fällt mir eine Geschichte ein, die bei einem Augsburger Friseur passiert ist und von anderen erzählt wird, die dabei waren. Diese Leute berichten, daß der Friseurmeister um Brechts »gemäßigten Geiz« wußte. Er befestigte also, kurz bevor Brecht seinen Laden betrat, ein Geldstück am Fußboden. Brecht betrat dann das Friseurgeschäft, sah das Geld, ließ sein Taschentuch fallen, um ganz elegant und unauffällig dieses Geld aufzuheben. Da es ihm aber nicht gelang und sich nun alle Augen auf ihn richteten, wurde ihm die Situation sehr peinlich.

Er bekam einen hochroten Kopf, schimpfte wütend, verließ den Laden und betrat ihn nie wieder. Ich finde diese Geschichte lustig und typisch für Brechts Beziehung zum Geld.

Brecht hatte in München eine Vielzahl Freunde gefunden. Wer waren sie?

Insbesondere mit Frank Wedekind, den er nur kurz kannte, da er ja bald verstarb, und mit Lion Feuchtwanger unterhielt er eine Freundschaft. Von Wedekind schwärmte er mir vor, und ich sagte Ihnen ja schon, daß unser Sohn Brechts Freundschaft mit Wedekind halber Frank getauft wurde.

Einmal freilich berichtete er mir auch von einem Streit mit Feuchtwanger. Feuchtwanger behauptete, Brecht hätte von ihm abgeschrieben, und Brecht behauptete, Feuchtwanger hätte von ihm abgeschrieben, und zwar aus seinem »Spartakus« bzw. den »Trommeln in der Nacht«. Brecht sagte damals zu mir: »... er hat ein Automobil gestohlen, das er nicht fahren kann.« Mit Autos hatte er es ohnehin. Aber schön – das hat sich wieder gegeben.

Ich habe noch heute mit Frau Feuchtwanger ein gutes privates Verhältnis. Im vergangenen Jahr war ich in den USA, und wir haben alte Erinnerungen ausgetauscht.

Aber lassen Sie mich noch einmal auf den vorhin erwähnten Geiz zu sprechen kommen. In bezug auf seinen Sohn Frank war Brecht überhaupt nicht geizig. Als ich unseren Frank in Kimratshofen bekam, hat Brecht mich von seinem Studiengeld – er bekam damals von seinem Vater vier Mark pro Tag – rührend unterstützt. Meine Eltern, die sehr vermögend waren, haben mir überhaupt nicht geholfen. Brecht hat möglich gemacht, was in seinen Kräften stand. Das habe ich meinen Eltern nicht vergessen, und das habe ich auch Brecht nicht vergessen. Beispielsweise ist er bei seinen Besuchen in Kimratshofen bis Kempten mit der Bahn gefahren und dann zu Fuß nach Kimratshofen weitergegangen. Er hätte auch einen Bus nehmen können, aber er nahm lieber diese sechs Stunden Fußweg auf sich, um mir das so gesparte Geld auszuhändigen. Und obwohl laufend Busse zwischen Kempten und Kimratshofen verkehrten, hat er diesen Fußweg des öfteren gemacht.

Caspar Neher, der berühmt gewordene Bühnenbildner, war einer der besten Freunde Brechts in diesen Tagen. Hat Caspar Neher Sie bei Ihren Unternehmungen mit Brecht manchmal begleitet?
Ja, »Kaschpar Nähr« war manchmal dabei. Ich habe eine gute Erinnerung an ihn. Er war ein unterhaltsamer und gutaussehender Mann und von großer Herzlichkeit. Zu einer kleinen vorübergehenden Krise zwischen Brecht und mir kam es, als Cas, so nannte ihn Brecht, mich zu verehren begann. Ich habe

auch heimlich einen Ausflug nach Pasing mit Caspar Neher unternommen, von dem Brecht nie etwas erfahren hat. Aber das endete alles sehr schnell. Auch deshalb, weil Brecht und Caspar Neher eben eng befreundet waren, und ich selbst wollte Brecht das auch nicht antun. So endete es, ehe es begonnen hatte.
Zum Thema »Brechts Verhältnis zum Geld« fällt mir noch was ein. Ich sagte Ihnen ja schon, daß ich unter seiner »Sparsamkeit« nicht zu leiden hatte. Einmal, als sich wieder unsere Wege trennten, Brecht in Berlin blieb und ich von Berlin zurückfuhr, konnten wir uns für mich nur die 3. Klasse mit den harten Holzbänken leisten. Brecht tat nun etwas Rührendes: Er kaufte mir im Bahnhof ein Sitzkissen. Ich wußte genau, daß er nur noch über ganz wenig Geld verfügte und keine Ahnung hatte, wann er wieder Einnahmen haben würde. Aber er kaufte mir das Sitzkissen, damit ich auf der gräßlichen Holzbank die Reise einigermaßen bequem überstehen konnte. Also, wie gesagt, ich selbst habe unter seiner Sparsamkeit nie leiden müssen. Er war besorgt und konnte zugunsten eines geliebten Menschen auf fast alles verzichten. Auch auf das Geld, das er später so reichlich verdienen sollte. Wie sagte er einmal? »Ein eigenes Haus und ein schönes Auto, das darf's schon sein.«

Wir wünschten uns, dieses Gespräch mit Ihnen endlos fortsetzen zu können ...

Marianne Zoff-Brecht-Lingen erzählt über ihre Zeit mit Bert Brecht

Marianne Zoff (* 30. Juni 1893 in Hainfeld/Niederösterreich, † 22. November 1984 in Wien), österreichische Opernsängerin und Schauspielerin, 1922–1927 mit Bert Brecht verheiratet. Gemeinsame Tochter: die Schauspielerin Hanne Hiob (* 12. März 1923 in München, † 23. Juni 2009 ebenda). 1928 heiratete Marianne Zoff den Schauspieler Theo Lingen (* 10. Juni 1903 in Hannover, † 10. November 1978 in Wien).

WILLIBALD ESER: *Sie haben lange gezögert, sich mit mir zu unterhalten. Warum?*
MARIANNE ZOFF: Weil Sie mich wohlvorbereitet befragen werden, ich hingegen unvorbereitet antworten muß.

Und wenn Sie ganz einfach erzählen?
Dann bekommen Sie etwas zu hören, das Sie bestimmt nicht interessiert.

Also doch befragen?
Beides – wenn's recht ist. Wenn wir mit dem Anfang anfangen könnten, wär's mir lieb. Eine kleine Ord-

nung hilft Menschen in meinem hohen Alter, sich zu erinnern.

Also – wo sind Sie geboren?
Wo bin ich geboren? Na ja, in Wien, in der Nähe von Wien; Hainfeld heißt der Ort.

Ihr Vater war Offizier?
Ja, er hat noch unter dem Kaiser gedient. Papa war ein fabelhafter Mann, er war an der Front ausgezeichnet worden und hatte sich eine Jüdin zur Frau genommen. Da war damals noch nix dabei.

Sie haben nach der Matura Gesang studiert?
Ja, ich hatte eine bekannte Lehrerin, die »Singer-Mutter«. Sie war eine gefragte Gesangspädagogin in ganz Österreich.

Hieß die Dame so?
Nein, ich hab' sie so genannt.

Wie alt waren Sie?
Mein Gott, das ist so furchtbar lange her. Ich werd' so sechzehn oder siebzehn Jahre alt gewesen sein.

Wo haben Sie debütiert?
Na ja, in Wien natürlich, in irgendeinem Theater. Es gab ja genug davon.

Erinnern Sie sich an die Partie?

Ich hab' Glück gehabt, weil ich gleich die »Carmen« zu singen bekam. Die Partie liebte ich über alles, ich hatte auch – toi, toi, toi – einen großen Erfolg damit. Sie bietet ja auch fabelhafte Möglichkeiten. Ich sang Mezzosopran und gefiel den Leuten. Was will man als blutjunges Ding mehr. Ich bitt' Sie.

Haben Sie auch Konzerte gegeben, Liederabende und so weiter?

Ja, ich hab' auch viel Mozart gesungen, auf privaten Festen, wozu man mich eingeladen hatte. Dadurch, daß meine Mutter Jüdin war, hatte die Familie viel Umgang mit Juden. Bei den armen Juden habe ich umsonst gesungen, bei den reichen für Gage. Leider sind fast alle durch diesen Hitler umgekommen. Der Theo Lingen und ich haben ein paar dieser Freunde in Amerika gefunden; die wenigen, denen Theo die Emigration nach drüben ermöglicht hat, obwohl er in diesen frühen Jahren selbst noch nicht viel verdiente.

Bert Brecht haben Sie in Augsburg kennengelernt?

Ja, ich hatte einen Zweijahresvertrag an das Augsburger Stadttheater bekommen und durfte mich durch das Repertoire singen.

Wie hat er sich Ihnen genähert?
Ganz einfach: Er ist in meine Garderobe gekommen und hat mir Komplimente gemacht.

Und Sie?
Ich hab' mich gewundert.

Worüber?
Na ja, zunächst einmal über das Aussehen dieses spindeldürren Männleins. Er wirkte überaus ungepflegt, mit einer strapazierten Lederjacke, in einer zerbeulten, alten Cordhose und mit einer schäbigen Schiebermütze in der Hand.

Was sagte er?
Er lobte meine Stimme, meine Darstellung – das alles mit seinem starken schwäbisch-bayerischen Akzent. Ich dankte artig und hoffte, daß er bald wieder verschwinden würde. Er aber bat, Platz nehmen zu dürfen, und begann, ohne Unterbrechung zu reden.

Was taten Sie?
Ich wunderte mich, warum ich ihn noch nicht hinausgeworfen hatte, betrachtete ihn dabei aber nicht ohne Faszination, so wie man ein exotisches Tier im Zoo beäugt. Der asketische Schädel gefiel mir, der schmallippige Mund bewegte sich fortwährend, die dunklen Knopfaugen stachen, seine schmalgliedri-

gen Pianistenhände gefielen mir. Du spinnst wohl, schoß es mir durch den Kopf, als ich mich dabei ertappte, diesen schwäbelnden Eindringling sympathisch zu finden. Er redete und redete …

Was geschah dann?

Er unterbrach seinen Redeschwall und fragte: »Darf ich rauchen?« Ich muß wohl Einverständnis genickt haben, denn Sekunden später erfüllte meine Garderobe der Rauch eines extrabilligen Stumpens oder was immer das für ein Stück Wurzel gewesen sein mag. Ich bekam einen Hustenanfall, und er betrachtete verwundert seine Zigarre, die er dafür wohl nicht so ohne weiteres verantwortlich machen wollte. Gottlob mußte ich wieder auf die Bühne. Aber ich hatte Mühe, meine Stimme wieder zum Klingen zu bringen.

Wieviel Zeit ließ er Ihnen, sich von diesem Angriff zu erholen?

Wenig. Nach der Vorstellung stand er am Bühneneingang und erwartete mich.

Er führte Sie aus?

Er führte mich spazieren, bis mir die Füße wehtaten! Unter anderem wußte er alles über Augsburg. Als er mich endlich zu meinem Quartier brachte, wußte auch Marianne Zoff alles über Bert Brechts Geburtsstadt Augsburg.

Wie entwickelte sich Ihre Bekanntschaft? Brecht war ja zu dieser Zeit ziemlich mittellos. Er konnte einem jungen Mädchen, einer hübschen Wienerin, die mit Erfolg am Augsburger Theater Opern und Operetten sang, nicht viel bieten.

Mein lieber Herr Eser, der Brecht war ein ganz armer Teufel, aber ein Genie. Daran mußte man denken, wenn man ihm zum Beispiel seine Ungepflegtheit nachsehen wollte. Er machte es einem in dieser Beziehung wirklich schwer. Ich erinnere mich, daß viele Mitarbeiter und Schauspieler unter seinem mangelnden Hygienebedürfnis litten und es darüber sogar zu offenen Auseinandersetzungen kommen ließen.

Lernten Sie seine Eltern kennen?

Ja, ja, irgendwann schleppte er mich in das Haus der Eltern. Sein Vater war Direktor einer Papierfabrik und machte auf mich den Eindruck eines Mannes, der den Dichterambitionen seines Filius eher skeptisch gegenüberstand. Seine Mama, mit der ich gleich einen sehr guten Kontakt hatte und die ich bis zu ihrem Tode immer wieder gern besucht habe, schien mir von den Ambitionen ihres Buben Bert eher übertrieben überzeugt zu sein. Sie liebte den Josef Ganghofer, und in dieser Richtung erhoffte sie sich Brechts schriftstellerische Entwicklung.

Gottfried Benn sagte einmal: »Dichten ist ein bitteres Geschäft!«
Davon konnte Brecht ein Lied singen.

Wie gab er sich, wie trat er auf, wie stellte er sich dar? Er war ja wohl sehr von sich überzeugt, und es mangelte ihm nicht an Selbstbewußtsein. War das damals schon so?
Als ich ihn kennenlernte, war er in erster Linie ein ruhiger Mensch, in jeder Beziehung – auch im Geldausgeben. Aber das mit dem Geld war kein Wunder, denn wir hatten ja beide nichts. Sicher hat ihm sein Vater immer wieder etwas zugesteckt; Bert hat ihn aber nicht darum gebeten. Und das bisschen, das ich am Theater verdiente – mein Gott, das Zimmer mußte bezahlt werden, Essen, Kleidung … Schluß, aus, weg war's.

Brecht war ungepflegt, schlecht gekleidet und rauchte grauenvolle Zigarren; es störte ihn nicht, wenn gelegentlich seine warme Unterhose hervorschaute; in seinen Mundwinkeln trockneten braune Speichelreste, seine Zunge war vom Befeuchten eines Tintenstiftes lila gesprenkelt, seine Haare waren fettig … Was interessierte eine attraktive junge Sängerin, deren Charme und Temperament die Leute verzauberte, an so einem Burschen?
Es waren seine Gescheitheit, seine umwerfende Mu-

sikalität und sein fabelhaftes Gitarrenspiel. Außerdem jagte mir seine knarrende Blechstimme Schauer über den Rücken. Ich hörte ihm fasziniert zu, wenn er im Caféhaus oder in sonst einer Kneipe seine selbstgeschriebenen und – soweit ich mich erinnere – auch selbstkomponierten Balladen vortrug. Und seine Ungepflegtheit habe ich ihm nach und nach ausgetrieben.

Wie?
Ich hab' ihn gewaschen: erst die Ohren und dann den Hals!

Wie fand er das?
Gar nicht komisch. Er hat immer gesagt: »Die Hälfte genügt, ich bitte dich, die Hälfte genügt.« Im Verlauf unserer Bekanntschaft aber wandelte er sich diesbezüglich vollkommen. Später war er aus der Badewanne gar nicht mehr herauszukriegen.

Erste Zärtlichkeiten, Annäherungsversuche – wann fanden die statt?
Das dauerte. Zunächst gingen wir auf Teufel komm raus spazieren. Es gibt keinen Winkel in Augsburg, den ich nicht kenne. Brecht hat mich erschöpfend informiert.

Wann war er Ihnen gewaschen genug, daß Sie ihn als Liebhaber akzeptieren konnten?
Das war schon recht bald der Fall.

Haben Sie eine Erinnerung an die Arbeiten, die ihn in dieser Zeit beschäftigten?
Keine genaue. Ich weiß nur, daß er unentwegt Notizen machte, ständig den Kopf voller Pläne hatte und schrieb und schrieb und schrieb. Vieles hat er angefangen, vieles ist unvollendet geblieben.
Und er war ein unruhiger Geist, der Brecht. Er wollte immer irgendwohin reisen, aber es fehlte am Geld. Für München langte es manchmal. Dann saß er in irgendwelchen Theaterproben, studierte das Theater in der Praxis.
Abends traf er diesen wunderbaren Valentin, von dem er schwärmte, den er für ein echtes Genie hielt. Er arbeitete auch mit Karl Valentin zusammen. In dessen kleinem Theaterchen machte Brecht die Geräusche, und in einem der allerersten Valentin-Filme mimte Brecht einen Klarinettenspieler, neben der ganz jungen Liesl Karlstadt und dem Gustl Waldau. Valentins eckige Logik und seine verschachtelte Ausdrucksweise gefiel Brecht.

Währenddessen sangen Sie in Augsburg.
Ich? Ich sang – und wartete. Natürlich hatte ich andere Verehrer, was dem Brecht nicht paßte. Er war

richtig eifersüchtig und ließ mir von irgendwelchen Sklavenfreunden nachspionieren. So sehr er sich sonst als Bürgerschreck gab, in dieser Beziehung war er stinkbürgerlich. Seine Eifersucht war bestimmt auch der Grund dafür, daß er plötzlich und völlig unvorhersehbar immer wieder in Augsburg auftauchte.

Wenn wir nicht spazierengingen, verkroch er sich auf seiner Bude und arbeitete. Seine Ideen reichten vom Varietékünstler-Solo bis zur Filmidee, von der Pantomime bis zum Theaterstück, von der Operette bis zur Oper. Damals arbeitete er an der ersten Version von »Mann ist Mann«. In diesem Lustspiel hat übrigens mein zweiter Ehemann, Theo Lingen, in einer Aufführung am Staatstheater Berlin im Jahre 1931 neben Peter Lorre mitgewirkt.

Zu Brechts Freunden in München gehörten Erich Engel, Blandine Ebinger, Carola Neher und der schon erwähnte Karl Valentin. Haben Sie diese Künstler kennengelernt? Waren auch Sie mit ihnen befreundet?

Befreundet nicht, dazu kam es nicht, weil wir ja nicht miteinander arbeiteten. Gekannt und gemocht hab' ich sie allesamt.

Hat Brecht in dieser Zeit einigermaßen verdient?

Aber nein, es war eine ewige Fretterei. Ich erinnere mich, er hat Kurzgeschichten für die ausgezeichnete

Zeitschrift »Der Neue Merkur« in München geschrieben. Der Mann, der ihn da stützte, war auch ein Jude; er hieß Efraim Frisch, ich seh' ihn noch vor mir.

Hat Brecht sich mit Ihnen über seine Arbeit unterhalten? Hat er Sie über seine Pläne und Ziele informiert?
Andeutungsweise. Ich war ihm weniger Mitarbeiterin, mehr Publikum. Er schätzte meine Meinung als – heut' nennt man so was – Konsumentin. Die hab' ich ihm gegeben.

Wußten Sie, daß Brecht es nie sehr ernst mit der Treue nahm, daß er während seiner gerade mit Ihnen begonnenen Affäre auch noch andere Mädchen hatte?
Damals wußte ich es noch nicht, ich ahnte es nicht einmal.

Wenn er mal nicht gearbeitet hat …
… Er hat immer gearbeitet – immer. Er war unendlich fleißig. Er las auch unglaublich viel.

Hat er irgendeinem literarischen Genre den Vorzug gegeben?
Ja, die Kriminalromane hatten es ihm angetan. So lang ich ihn kannte, hat er die Bücher von Edgar Wallace gefressen. Einmal hat er diesbezüglich polemisiert – was er übrigens gern getan hat, weil er ein frecher Kerl war. Er erklärte mir:

»Wenn ich sage, daß Franz Werfel Kitsch ist, dann muß ich zugeben, daß Edgar Wallace auch Kitsch ist. Aber das kann mich doch höchstens abhalten, den Werfel zu lesen. Den großen Wallace laß ich mir doch nicht nehmen.«

Haben Sie die »Bi« kennengelernt, die »Liebliche«, die »Pflanze Bi«, die Brecht für »weise« hielt?
Ja, das war eine hübsche, liebe Person. Die hat er sehr gern gehabt, den Buben Frank aus der Verbindung weniger. Um den hat er sich kaum gekümmert – sonderbar.

Brecht nannte die Mutter seines Sohnes Frank die »Bittersüße«. Hat er Ihnen ähnliche Kosenamen gegeben?
Na freilich, das tun doch alle Männer, wenn sie jung und verliebt sind.

Erinnern Sie sich an einen solchen Namen?
Aber gehn S', das ist doch schon so lang her. Neulich, nach unserem ersten Gespräch, hab' ich vom Brecht geträumt. Sollte das noch einmal passieren, werd' ich ihn danach fragen.

Als Brecht sich in Berlin versuchte, sangen Sie noch in Augsburg?
Er hatte mit dem Deutschen Theater verhandelt, ich glaube wegen »Baal«. Das klappte aber nicht. Ziem-

lich enttäuscht kehrte er nach München zurück und tauchte dann wieder bei mir in Augsburg auf. Als ich dann das erste Mal schwanger war, bekam er es mit der Angst. Ich auch.
Ich kannte seine Einstellung, ich wußte um seine Angst, Konsequenzen ziehen zu müssen, ich wußte auch, daß er ziemlich freizügige Ansichten hatte. Ein Ausspruch wie: »Ich muß Ellbögen frei haben, spucken können, wie mir's beliebt, alleine schlafen, skrupellos sein«, macht einem jungen Mädchen mit einem Kind unter dem Herzen nicht gerade Mut. Ein späterer Satz, wie der optimistisch gemeinte: »Laßt sie wachsen, die kleinen Brechts«, half da schon mehr. So oder so, ich verlor das erste Kind von Brecht.

Sie wechselten von Augsburg ins Engagement nach Wiesbaden. Ein großer Unterschied zu Augsburg?
Doch, das Theater in Augsburg war besser, künstlerisch ergiebiger. Die Augsburger liebten ihr Theater, nahmen mehr Anteil, die Nähe Münchens spielte da auch eine Rolle. Man hatte Ambitionen, und das braucht ein junger Künstler.

Brecht war in Berlin. Er hatte in München Lion Feuchtwanger kennengelernt, der sich sehr für ihn einsetzte, zunächst leider ohne Erfolg. In Berlin fand Brecht in Frank Warschauer einen Mäzen mit kleinen Mitteln.

Warschauer war ein linksorientierter Publizist, der für die Zimmermiete und ein gelegentliches warmes Essen aufkam. Sie müßten Warschauer kennengelernt haben, als Sie Brecht zu Weihnachten in Berlin besuchten.
Ich kann mich nicht erinnern, leider! Ich weiß nur, daß wir zu dritt waren, Arnolt Bronnen war noch dabei. In regelmäßigen Notfällen sind wir zu »Aschinger« marschiert und haben uns über die Löffelerbsen und das Gratisbrot hergemacht. Bronnen arbeitete als Kommis im Kaufhaus Wertheim und war genauso arm wie Brecht. Und ich war ja auch ein armes Luder. Das Wenige, das wir hatten, teilten wir redlich. Ich muß aber zugeben, daß ich auf den Bronnen eifersüchtig war. Der Brecht und der Bronnen waren sehr aufeinander eingespielt – und das störte mich. Blöd, wie man halt damals war.

Brecht wurde dann in die Charité eingeliefert …
Ja, er hatte Harnblutungen, das war Ende Jänner.

Was taten Sie?
Ich? Ich war verliebt in den Kerl. Ich hab' in Wiesbaden gekündigt, bin nach Berlin geflitzt und hab' an seinem Krankenbett gesessen. Und da kamen dann die Briefe der hübschen Bi aus Augsburg, und ich giftete mich. Na ja, wie gesagt; jung, verliebt – und blöd.

Erinnern Sie sich an irgendwelche Details aus dieser Zeit? Womit verdiente Brecht seinen Lebensunterhalt?
Er versuchte alles mögliche. Irgendwann hatte er erfahren, daß der Regisseur Richard Oswald ein Preisausschreiben veranstaltete. Die beste Filmidee sollte mit 100 000 Inflationsmark prämiert werden. Brecht und Bronnen machten sich sogleich an die Arbeit. Aber der Brecht ist völlig überraschend nach Augsburg zurückgereist und hat den Bronnen allein in Berlin zurückgelassen. Er schrieb aber das Exposé und erhielt prompt die 100 000 Papiermark. Leider war deren Wert inzwischen so gesunken, daß man sich kaum mehr etwas dafür kaufen konnte.

Lion Feuchtwangers Wohnung in München war Mittelpunkt für viele junge Literaten der Münchner Szene. In dieser Zeit soll Brecht kein eigenes Zimmer in München gehabt haben. Wissen Sie, wo er sich aufhielt?
Er soll eine Bleibe irgendwo am Starnberger See gehabt haben. Später, als sich die Kammerspiele in München für Brecht interessierten, nahm er sich ein Zimmer. Seine Augsburger Bude behielt er, glaube ich. Ganz egal, wo er wohnte, er stopfte jedes Zuhause mit der ganzen Schar seiner Freunde voll.

Erinnern Sie sich an »Cas«, an Caspar Neher?
»Tiger Cas« und »Dompteur Brecht« waren unzertrennlich. Der »Schwarze Panther Bronnen« gehör-

te noch dazu. Cas war eifersüchtig auf Bronnens freundschaftliches Verhältnis zu Brecht. Brecht tat etwas sehr Gescheites: Er befreundete die beiden miteinander und sorgte so dafür, Mittelpunkt zu bleiben.

Cas trug übrigens eine genauso scheußliche, altmodische Nickelbrille wie Brecht. Aus reiner Zuneigung, versteht sich. Diese Zuneigung führte einmal dazu, daß Cas in vorgerückter Stunde, nach erheblichem Alkoholzuspruch im Hause Feuchtwanger, versuchte, den Bronnen zu erschlagen. Ich glaube, mit einer Flasche. Der gute Feuchtwanger ging da wohl im letzten Augenblick dazwischen, sonst hätt's ein Unglück gegeben.

Zum Thema »Nickelbrille« gibt's eine treffliche Beschreibung von dem Publizisten und Drehbuchautor Willy Haas: »Das Seltsamste: eine schäbige kleine Drahtbrille, wie man sie in Berlin gar nicht mehr bekam. Sie hätte zu einem Schulmagister in Wunsiedel gepaßt. Mit großer Sorgfalt zog er sie aus einem Futteral, wenn er lesen wollte, putzte sie, stülpte sie sich über die Ohren und verstaute sie nachher ebenso sorgfältig wieder in seiner Brusttasche.«

Ja, genauso hat er es gemacht. Das hat einem manchmal schon den Nerv getötet.

Haben Sie Brechts Bude in München kennengelernt?
Ja, ich hab' sie kennengelernt!

Erich Engel erzählte mir nach dem Krieg, es sei immer sehr viel Betrieb um Brecht gewesen.
Und ob. Mir war es lieber, wenn in einer Kneipe wie im »Malkasten« getagt wurde, einem Künstlerlokal nahe den Kammerspielen, die damals noch in der Augustenstraße waren. Da spielte der Brecht dann zur Gitarre, und wir alle sangen seine herrlichen Balladen mit.

Wer war da alles dabei?
Namen sind mein größtes Problem geworden, aber an ein paar erinnere ich mich noch, ein paar, die wie Brecht eine große Karriere gemacht haben: Blandine Ebinger zum Beispiel, Maria Koppenhöfer, Kurt Horwitz, Erich Engel.

Die Damen sollen es Brecht leichtgemacht haben. Warum?
Es war seine Art, seine Ungeniertheit, seine selbstsichere Einfachheit, seine natürliche und ungekünstelte Spontaneität, dieses urwüchsige Hinterwäldlerische, das von einem quicklebendigen Geist getragen wurde und unversehens, ohne jede Vorwarnung einfach auf einen einhieb …

Das war's?
Bei mir jedenfalls.

Und die anderen Damen, die wußten, daß Sie seine Favorisierte waren, wie verhielten sich die?
Recht unterschiedlich. Heute weiß ich, daß er die Blandine Ebinger und die Carola Neher – um nur zwei zu nennen – nicht nur künstlerisch gefördert hat. Die Neher ging damals dann nach Breslau und heiratete später den Dichter Klabund. Andere blieben, neue kamen hinzu. Es war nicht einfach.

Am 23. September 1922 fand an den Münchner Kammerspielen die Uraufführung von »Trommeln in der Nacht« statt. Herbert Ihering, den Brecht persönlich zur Premiere eingeladen hatte, schrieb: »Der vierundzwanzigjährige Dichter Bert Brecht hat über Nacht das dichterische Antlitz Deutschlands verändert.« Waren Sie bei der Aufführung anwesend?
Na und ob, in zweifacher Ausfertigung gewissermaßen …

Wie das?
Ich war wieder schwanger …

Erinnern Sie sich an die anderen Ehrengäste?
Ach, da war die ganze Brechterei dabei: Der Vater kam aus Augsburg, der Bruder war da, die Haushäl-

terin vom Vater, die hübsche Mutter der Bi, und so weiter. Der Valentin war meines Wissens auch gekommen. Das war eine besondere Auszeichnung für Brecht, denn der Urmünchner haßte Theaterbesuche, es sei denn, »wenn i selwa spui«, wie er sagte.

Am 3. November 1922 heirateten Sie Bert Brecht in München.
Es war eine stille, kleine Hochzeit. Lion Feuchtwanger und Brechts Schulfreund Müller-Eisert fungierten als Trauzeugen. Wir hatten zwei Zimmer in der Akademiestraße, ein paar Möbel und eine ungewisse Zukunft. Trotz des ersten Erfolges von »Trommeln in der Nacht« verfiel Brecht jetzt immer wieder in Depressionen. »Wir werden verhungern, unser Kind wird nichts zu essen haben, alles braucht so viel Zeit, nichts geht voran«, sagte er. Er war ungeduldig, besonders weil er den süßen Geschmack des allerersten Erfolges kennengelernt hatte.

Brecht versuchte sich bei Otto Falckenberg in Berlin, von dem Heinz Rühmann sagt, er hatte den Blick des Falken.
Er wollte nicht nur als Autor in Berlin Fuß fassen, er wollte auch selber Regie führen. Leider klappte es nicht. Er sollte in »Chicago«, wie er Berlin nannte, noch kein Glück haben. Ein Vertrag als Dramaturg an die Münchner Kammerspiele rettete uns.

Die Belagerung unserer kleinen Wohnung war ein anderes Problem. Am 12. März 1923 war unsere Tochter Hanne Marianne zur Welt gekommen. Die kleine Dame brauchte Platz und Ruhe. Dasselbe beanspruchten Brecht und seine Freunde, die sich scharenweise in dieser engen Behausung niederzulassen pflegten. Die Herren qualmten, daß die Nachbarn an einen Zimmerbrand dachten, diskutierten lautstark und blieben dann oft, nach ein paar Flaschen Wein, über Nacht. Das ist nicht unbedingt der Herzenswunsch einer jungen Mutter, die in erster Linie ihr Kind versorgt sehen will. So gab es die eine oder andere Auseinandersetzung, die zuweilen recht drollig endete.

Sind Ihnen Reaktionen anderer Freundinnen Brechts bekannt geworden, die sich gegen die Heirat mit Marianne Zoff richteten?
Er hat es mir nicht gesagt, aber ich konnte mir gut vorstellen, was die Theaterdamen an Boshaftigkeiten von sich gegeben haben. Schließlich war ich ja auch eine.

Und die Bi in Augsburg?
Der hatte er die Ehe versprochen …

Unternahm sie irgend etwas?
Ja, sie heiratete einen anderen.

1923 tat sich auch Hitler erstmals hervor. Die Faschisten trauten sich in die Öffentlichkeit, die Hakenkreuze tauchten auf, der Antisemitismus wurde auf die Straße getragen. Hitler stampfte im Münchner Zirkus Krone seine primitiven Parolen ins Bewußtsein der Leute. Wie sah Brecht den selbstgefälligen Adolf Hitler?
Mein Gott, wenn ich an diesen Verbrecher denke, da wird mir ganz schlecht – (Pause)

Hitler, so kann ich mir vorstellen, mußte bei Brecht etwas ausgelöst haben. Ein Typ wie der Braunauer mußte ihn doch stofflich reizen. Ähnlich, wie er Chaplin gereizt hat?
Das ist richtig. Brecht fand Hitler zunächst nur komisch. Er amüsierte sich über das Pathos und die affektierten Gebärden, hielt ihn für einen Clown – aber nur kurze Zeit. Dann stellte er seine Ohren auf und prägte für das Nazigesindel den Ausdruck »die Mahagonnys«. Ich weiß nicht mehr, wie Brecht auf diesen Namen gekommen ist, er wurde bald zum Synonym, dessen sich alle bedienten. Damals wurden bei Feuchtwanger Fensterscheiben eingeworfen, und wir alle, nicht nur die Juden, bekamen ein ungutes Gefühl im Magen.

Diese Jahre mit Brecht waren für Sie voller Unruhe. Wie fühlte er sich denn nun als Vater des Sohnes Frank, den ihm die Bi geboren hatte, und als Vater der Tochter Hanne, die Sie ihm geboren hatten?

Ich glaub', die Vaterschaft hat ihn nicht gestört. Er war unendlich besorgt und rührend lieb zur Hanne. Nicht, daß er den Kinderwagen geschoben hat oder bei der Geburt hätte dabeisein wollen, wie das geschmackloserweise heutzutage praktiziert wird, das nicht – aber die Taufe, die Versorgung der kleinen Tochter, ihr Wohlbefinden, das war ihm allererste Wichtigkeit.

Und die Ehe?
Die Ehe war ihm nicht wichtig. Er hat nicht gern geheiratet. Ich und das Kind veranlaßten ihn dazu. Es sollte seinen Namen tragen, das mußte stimmen. Seine väterliche Zuneigung und Fürsorge hielten bis zu seinem Tod an. Als wir schon geschieden waren, hat er sich immer um Hanne gekümmert, hat sich mit ihr getroffen, hat ihr – später, als er es sich leisten konnte – Geschenke gemacht. Mein zweiter Ehemann, der Theo Lingen, hat das Mädel auch sehr geliebt. Theo war damals ja auch erst am Anfang seiner Karriere und verdiente wenig. Es reichte halt nie, na ja. Glücklicherweise waren meine beiden Männer sehr bescheiden veranlagt. Die dünne, falsche Suppe, die ich mit mehr Phantasie als mit Zutaten kochte, aß der Brecht mit der gleichen Bescheidenheit wie der Lingen.

Ihre Münchner Wohnung bestand aus zwei Räumen …
Zunächst bestand sie aus einem Raum, dann kam

ein zweites Zimmer dazu, für jeden eins. Die Möbel waren gemietet, das eine oder andere Stück gehörte mir, wenn ich mich recht erinnere. Da ich ja weiter singen sollte, besorgte mir Brecht ein Klavier. Da haben wir dann manchmal miteinander musiziert. Er spielte auf der Klampfe, ich auf dem Klavier.

Spielte Brecht auch Klavier?
Nicht so gut. Zuweilen setzte er sich zu mir und lauschte meinem Spiel. Ganz im Gegensatz zu Theo Lingen, der mir zwar auch ein Klavier besorgte, aber keine große Freude an der Musik hatte.

War Brecht leicht verletzbar?
Eigentlich nicht; er beherrschte ja alle seine Freunde. Am Anfang meiner Bekanntschaft mit Brecht waren da auch solche darunter, die ihn attackierten. »Warum schreibst du überhaupt? Das ist doch ein Dreck! Du kannst doch nichts!« So was störte ihn überhaupt nicht. Er sagte dann, ohne gekränkt zu sein: »Entschuldigt, es tut mit leid, vielleicht habt ihr sogar recht, aber ich muß schreiben, auch wenn es nicht gut ist, was ich da schreibe; ich muß, ich kann nicht anders!«

Waren Sie dann wieder in einem Engagement, in München?
Das wäre nicht gegangen, wegen der Hanne. Ich ging

halt da und dort singen, wo man mich brauchte, und verdiente das Geld fürs Leben. Manchmal bekam ich auch was zu essen, bei den Festen oder Veranstaltungen; da hab' ich dann irgend etwas ins Tascherl gesteckt und meiner Hanne mitgebracht.
Mein Gott, wenn ich mir vorstell', wie ich das Kind ernährt hab'! Spindeldürr war ich damals – und oft verzweifelt. Der Brecht hatte ja seine Kunst, er hoffte auf die Zukunft, er vertraute auf sein Talent, und das war gut so. Aber eine junge Mutter, die ihr Kind nicht ernähren kann, die schaut da schon mit ganz anderen Augen in die Welt. Meine Karriere als Sängerin war für den Anfang futsch. Außerdem war ich so altmodisch erzogen worden – ich wollte mein Kind nicht irgendwelchen Leuten anvertrauen.

Es heißt, Brecht wäre ein Geizkragen gewesen.
Das stimmt nicht! Wenn er was hatte, dann gab er von Herzen gern. Aber wenn einer nix hat, dann kann er auch nix geben. Die Sparsamkeit, die er übte, darf man nicht mit Geiz verwechseln.

Sicher haben Sie ihn mal auf seinen typischen »Brecht-Look« hin angesprochen. Warum zog er diese schlampige Kleidung vor, an der sich viele Zeitgenossen gestoßen und oft recht drastisch ereifert haben?
Das ist ganz einfach: Erstens bedeuteten ihm Äußerlichkeiten bei Männern überhaupt nichts – bei Frau-

en achtete er sehr auf ein gefälliges und gepflegtes Aussehen – und zweitens hatte er nicht die Spur von Geschmack in diesen Dingen.

Friedrich Hollaender erzählt in seinem Buch »Von Kopf bis Fuß«, daß Brecht doch gelegentlich mal den Kinderwagen mit Tochter Hanne geschoben hat. Wo waren Sie da?
Aus Spaß kam das schon mal vor. Und ich war dabei. Er hat es aber nicht mit der Penetranz heutiger Familienväter getan, das meinte ich vorhin.

Bei Hollaender heißt es: »Bis dahin hatte Brecht uns wilde Lieder zur Laute vorgesungen, vagabundische Lieder und auch zarte – ein Stern ging auf, dessen weites Glänzen wir noch gar nicht überblicken konnten. Da erschollen die stürmischen Seeräubergesänge, da wisperten und wiegten sich im Wind die Wolken und der Pflaumenbaum … Spätabends dann eilten wir in dichtem Gespräch durch die schlecht erleuchteten Gassen Münchens. Brecht immer voran, ein wenig wie gejagt, einen Kinderwagen vor sich herschiebend, aus dem die Augen seines Töchterchens blickten.«
München war damals eine Stadt voller Autoren, Schriftsteller, Dichter. Haben Sie Erinnerungen an Namen aus der Zeit?
Ich weiß noch, daß ich mit der Hanne oft im Hofgarten spazierengefahren bin. Im Schatten der alten

Bäume, an den Tischen des Cafés traf sich alles, was Rang und Namen hatte. Thomas Mann, den Brecht nie ausstehen konnte, war der ungekrönte König. Aber im Hintergrund rumorte es. Nach dem Hitlerputsch stand Brechts Name neben Feuchtwanger auf der Liste der zu Verhaftenden. Die Nazis haben Brecht zunächst für einen Juden gehalten. Feuchtwanger dachte an Abreise. Schreckliche Zeit, die da begann.

Man sagt, es habe zwischen Ihnen und Brecht eine Absprache über die Ehe gegeben. Worum ging es da?
Er wollte fremdgehen dürfen, ohne daß ich mich darüber aufzuregen hätte. Und ich sollte ihm treu sein. Ein ganz normaler Ehevertrag, wie ihn sich alle Männer wünschen …

Haben Sie diesen Vertrag erfüllt?
Das hab' ich vergessen …

Carl Zuckmayer tauchte damals in München auf. Ich habe ihn auf der ersten Internationalen Jugendkonferenz nach dem Krieg in München kennengelernt. Auch später habe ich ihn während meiner Zusammenarbeit mit Helmut Käutner immer wieder getroffen. Er hat mir sehr temperamentvoll von seinen Münchner Tagen und seiner Begegnung mit Brecht erzählt. Haben Sie Zuckmayer getroffen?

Damals nicht. Ich hab' ihn nach dem Krieg in Berlin kennengelernt, gemeinsam mit meinem Mann Theo Lingen, den Käutner damals für eine Rolle in einer Zuckmayer-Verfilmung haben wollte. Theo kam leider vom Theater nicht frei und mußte passen.

Haben Sie eine Erinnerung an Liedertitel, die Brecht damals gesungen hat?
Ich weiß nicht genau, ob er die damals vorgetragen hat, aber die »Ballade von den Seeräubern«, »Jakob Apfelböck« oder »Der Gesang vom ertrunkenen Mädchen« sind mir noch geläufig.

Haben Sie mit Brecht Auslandsreisen unternommen? Meines Wissens waren Sie in Süditalien?
Was Sie alles wissen – sehr erstaunlich! Ja, wir waren in Italien. Nach der Premiere vom »Leben Eduards des Zweiten von England« kam etwas Geld in unsere schmale Schatulle, und wir fuhren auf die Insel Capri. Herrlich! Mir ging's damals gesundheitlich nicht besonders gut, und das süditalienische Mittelmeerklima tat mir sehr wohl. Der Caspar Neher war noch dabei oder kam nach. Brecht konnte aber mit dieser hinreißenden Landschaft nichts anfangen. Soviel Schönheit auf einmal konnte er nicht vertragen. Er ist dann mit Cas nach Neapel gefahren, und dort fand er das Milieu, das er liebte: Hafenkneipen, fliegende Händler, Rummelplätze. Caspar Neher wollte

uns nach Positano locken, einem wunderschön gelegenen Ort an der Amalfitanischen Küste. Ich habe diese Oase des Friedens, in der sich viele berühmte Künstler angesiedelt haben, später mit Theo Lingen kennen- und liebengelernt.

Fällt Ihnen zum Brecht'schen »Eduard« noch etwas ein?
Brecht hat den »Eduard« mit Lion Feuchtwanger geschrieben, nach Christopher Marlowe. Es gab viel Beifall, aber auch ein paar Pfiffe, die wohl Oskar Homolka galten, der unter Starkbiereinfluß stand und die Vorstellung beinah geschmissen hätte.

Der Münchner Schauspieler Rudolf Fernau erzählt in seiner Autobiographie »Als Lied begann's. Lebenstagebuch eines Schauspielers« von einer Begegnung mit Brecht, die sehr lustig war. Fernau betrat während der Arrangierprobe von Brechts »Eduard« trotz Verbotes des Regisseurs Fehling den Garderobengang des Zuschauerraumes, um heimlich noch etwas zu erspähen. Dort entdeckte er vor den Schlüssellöchern der Saaltüren zwei Herren kniend und die Vorgänge auf der Bühne beobachtend: Brecht und Feuchtwanger. Fernau: »Als sie meiner ansichtig wurden, sprangen sie, ertappten Dieben ähnlich, elektrisiert in die Höhe und sahen in ihren Lederjäckchen keinesfalls bekannten Schriftstellern, sondern eher stellungslosen Chauffeuren ähnlich. Brecht näherte sich mir sichtlich mißgestimmt und flüsterte zu

Feuchtwanger: ›Was macht der nur aus meiner Moritat! Ein Schkandal!‹«
»Schkandal« – so sagte er das. Er hatte auch das harte augsburgische, das schwäbische »R« in der Sprache. Und das »Sch«, das kam ihm immer wieder über die Lippen. »Ischt doch bombaschtisch«, sagte er zum Beispiel, wenn er beeindruckt war.

Hatte er an sportlichen Betätigungen Spaß? Interessierte ihn Sport überhaupt?
Nicht zu meiner Zeit. Das Auto war die Spitze seiner sportlichen Betätigungen. Während unserer Ehe hat er den Führerschein gemacht, und ein Freund, ich glaube, es war Müller-Eisert, hat ihm einen gebrauchten Wagen besorgt. Kurz darauf fuhr er das Fahrzeug zu Schrott. Er kam dann wieder zu einem Auto, ich habe aber keine Ahnung, wie er das angestellt hat.

Sie sagten an anderer Stelle, er sei oft recht respektlos mit seinen Dichterkollegen umgegangen.
Ja, er kannte auch in dieser Beziehung keine Hemmungen. Werfel oder Rilke fand er höchst überflüssig. Wenn die Leute Glück hatten, richtete sich seine ätzende Kritik nur gegen das eine oder andere Werk. Rilkes Ausdrucksweise, wenn er sich mit Gott befaßte, fand er »schwul«. Und den Thomas Mann konnte er pauschal nicht ertragen. Ich glaube, es hat ihn sein

Leben lang gewurmt, daß er Thomas Mann nicht zerzausen konnte.

Frau Katia Mann, die Witwe des Dichters Thomas Mann, schreibt in ihren interessanten Memoiren über Brecht: »Zwischen Brecht und meinem Mann bestand keine Sympathie. Sie paßten irgendwie nicht zueinander … Ich weiß noch, Therese Giehse brachte ihm einmal ein Stück von Brecht mit nach München. Die Giehse war ja mit beiden, mit Thomas Mann wie mit Bert Brecht, befreundet, und als mein Mann ihr nach der Lektüre das Stück zurückgab, sagte er: ›Sieh mal einer an, das Scheusal hat Talent!‹ Diese spitz-anerkennenden Worte übermittelte die Giehse Brecht, worauf der ihr böswillig geschmeichelt sagte: ›Seine Kurzgeschichten fand ich eigentlich immer ganz gut.‹«
An anderer Stelle in Katia Manns Erinnerungen heißt es:
»Thomas Manns Pläne waren eigentlich immer viel bescheidener als dann die Ausführung. Der ›Zauberberg‹ sollte eine Novelle werden, der ›Joseph‹ sollte eine Novelle werden, – und was wurde daraus? Brecht, dieser verschlagene und ironische Kopf, hatte mit seinem ›bonmot‹ vom ›Kurzgeschichtenschreiber Thomas Mann‹ in diesem Punkt gar nicht so unrecht.«
Therese Giehse, diese einmalige Schauspielerin, tauchte doch schon früher in Brechts Leben auf?
Ich kann mich nicht erinnern, wann ich sie kennen-

gelernt habe. Ich glaub' aber, das war erst nach dem Hitler-Krieg. Die Hanne kannte die Giehse sehr gut. Der Brecht schätzte sie über alles, auch der Theo Lingen. In ihrem Buch »Ich hab nichts zum Sagen« berichtet sie, daß die Nazis, besonders Hitler und seine engsten Verbrecher, ein Faible für sie gehabt haben. Der Monika Sperr erzählte sie, die Braunen hätten sie für »ein deutsches Weib« gehalten. Sogar im »Völkischen Beobachter« soll man ihre »deutsche Rasse« gerühmt haben. Herrlich! Wo so viel Dummheit Platz hat, kann keine G'scheitheit wachsen. Und das ist natürlich wieder traurig.

Das war aber schon nach 1930?
Na ja, die große Weltwirtschaftskrise war 1929, das war nach der »Dreigroschenoper«, die Brecht den entscheidenden Durchbruch brachte.

Davor lagen aber noch entbehrungsreiche Jahre. Im Jahre 1925 war Brecht Vater von drei Kindern. Der uneheliche Frank war sieben, Ihre Hanne war drei und der Sohn Steff [Stefan Brecht, * 03. November 1924 in Berlin, † 13. April 2009 in New York, Schriftsteller], *den er mit Helene Weigel während seiner Ehe mit Ihnen gezeugt hatte, war etwa im gleichen Alter wie Hanne. Drei Kinder, das kostet Geld.*
Ich wußte, was ein Kind kostet, später wußte ich, was zwei Kinder kosten. Mit der Hanne lebte ich

eine Zeitlang bei Verwandten in der Nähe Wiens, später in Münster, dann auch in Berlin. Sein Sohn Frank war auch eine Zeitlang bei meinen Eltern in Wien. Sie mochten den Buben sehr gern und kümmerten sich um ihn. Die Bi durfte das Kind ja nicht haben, ihre Eltern waren dagegen. Sie tat mir leid. Na ja, und später, als er erwachsen war, da mußte der arme Kerl in den Hitler-Krieg ziehen und sein junges Leben für »Führer, Volk und Vaterland«, oder wie das damals hieß, lassen. Wenn ich heut' in der Zeitung von den Neo-Nazis lese, dann glaub' ich, die Menschen haben den Verstand verloren. Haben die denn alles vergessen?

Der Brecht hat den Hitler rasch durchschaut?
Er hat ihn auseinandergenommen in seinen herrlichen Balladen und Gesängen, die ihm oft spontan in den Sinn gekommen sind, von niemandem aufgeschrieben wurden und deshalb nicht bekannt geworden sind. Zum Thema »Hitler« fiel Brecht eine Menge ein, und Brecht war kein Feigling. Er trug seine Lieder gegen den Anstreicher aus Braunau am Inn ganz öffentlich vor, er scheute keine Auseinandersetzung, keinen Streit. Er suchte ihn geradezu, um klarzustellen, um aufklären, um argumentieren zu können. Das war nicht immer ungefährlich, denn zu Hitlers ersten Gesinnungsgenossen gehörten recht zupackende Typen. Natürlich ist dem Hit-

ler der Name Brecht bekannt geworden. Seine Spitzel haben schon dafür gesorgt. Und als dieser Kerl an die Macht kam, da war Brecht einer der gefährdetsten Männer in Deutschland. Hitler hätte ihn kaltblütig umbringen lassen, so sehr hat er Brecht gehaßt. (Pause)

Warum haben Sie sich von Bert Brecht getrennt?
Wegen seiner Weibergeschichten. Brecht hatte seine Arbeit und seine Liebschaften im Kopf. Die Ehe störte ihn nicht, sie belastete ihn aber. Er versuchte mir zwar Details zu ersparen, nach dem bayerischen Motto »Was sie nicht weiß, macht sie nicht heiß«, aber die Vielzahl seiner Verehrerinnen, die es ihm sehr leichtgemacht haben, spielte ihm da immer wieder einen Streich. Nach einer gewissen Zeit war es mit »einem Auge zudrücken« nicht mehr getan. Ich hätte auch als Blinde von seinem Treiben Kenntnis bekommen. Und wenn ein gewisses Maß erreicht ist, dann soll man die Konsequenzen ziehen.

Das »gewisse Maß«, wie sah das aus?
Ganz nett. Es hieß Helene Weigel, und ich traf ihn mit ihr im Bett.

Kannten Sie zu dieser Zeit schon Theo Lingen?
Ja.

Wie ging die Scheidung vor sich?
Zunächst verstrich noch eine gewisse Zeit. Dann erfuhr ich, daß da noch eine andere Frau war, die – so glaube ich – auch zwei Kinder von ihm hatte. Keine sehr hübsche Person, soweit ich mich erinnere. Brecht wollte sich nicht scheiden lassen, weil er sonst diese Frau hätte heiraten müssen.

Wie hieß sie? Können Sie sich noch erinnern?
Nein, überhaupt keine Idee.

Waren Sie während der letzten Jahre Ihrer Ehe schon mit Lingen bekannt?
Wir waren befreundet. Ich hab' viel über ihn gelacht, was mir gut tat. In den letzten Ehejahren mit Brecht war mir allmählich das Lachen vergangen, weil er überall und mit jeder anbandelte.

Theo Lingen hat mir erzählt, er sei damals noch völlig unbekannt gewesen, habe kaum zu tun gehabt, aber voller Ideen und Pläne gesteckt und auf eine Karriere, auf eine Entdeckung, auf eine fördernde Hand gehofft. Hat Brecht Lingen geholfen?
Nein, dazu reichte sein Einfluß damals noch nicht. Er mochte Theo aber als Schauspieler. Theo spielte kleine Rollen und fiel nicht auf – das Schlimmste, was einem Schauspieler passieren kann.

Und wodurch fiel er dann auf?
Daran bin ich nicht unschuldig. Theo Lingen konnte die Bewegungen der verschiedensten Menschentypen glänzend karikieren. Mir sind jedesmal vor Lachen die Tränen gekommen, wenn er – ganz egal, wo wir waren – solche Parodien vorführte. Einmal hatte er einen Auftritt in einem Stück, da mußte er als Diener einem ziemlich bekannten Theatermimen ein Glas Bier servieren. Ich hab' gebeten, das doch so zu tun, wie er es einen Tag vorher bei Freunden gemacht hat. Er wollte nicht. »Die werden mich aus dem Theater schmeißen«, hat er gesagt. »Mach' es, mir zuliebe«, bettelte ich. Na ja, er hat's dann gemacht. In absolut überkandidelter Manier, weit ausholend, erhobenen Hauptes, das blöde Bier balancierend, trat er auf und schwebte in der Livree auf den verdutzt blickenden Theaterstar zu. Ich hab's gewußt: es gab Szenenapplaus, und damit nicht genug, der Theo mußte seinen Gang fünfmal wiederholen. So kam er halt ins Gerede der Leut'.

Wußte Brecht von Ihrer Freundschaft zu Theo Lingen?
Aber ja. Er ist zu Theo und mir gekommen und hat darum gebeten, von einer Scheidung Abstand zu nehmen.

Warum denn das? Sie lebten doch schon lange Zeit voneinander getrennt?
Sicher. Brecht fürchtete, die andere Dame heiraten zu müssen.

Die Dame mit den zwei Kindern, deren Name Ihnen entfallen ist?
Genau.

Was sagte er?
»Laß dich bitte nicht scheiden, wir können doch weiter getrennt leben, ich habe meine Arbeit, du hast den Theo Lingen, ich laß euch in Ruhe, meine Einkünfte steigen, ich kann für dich und Hanne sorgen. Ich muß dein Ehemann bleiben, sonst muß ich die XY heiraten, und das will ich nicht.«

Was sagten Sie?
Nichts. Aber Theo Lingen sagte etwas: »Die Marianne bekommt ein Kind von mir!«

Was sagte der Brecht?
Erst überlegte er, ob er eifersüchtig sein sollte. Dann lachte er und sagte: »Gratuliere!«

Was ist aus der XY geworden?
Sie ist bald gestorben.

Die Hanne blieb bei Ihnen?
Blieb bei mir und Theo. Wir haben dann geheiratet.

Wie war das Verhältnis Theo Lingens zu Hanne?
Wunderbar. Er hat sie geliebt, er hat sie aufgezogen. Er hat keinen Unterschied zwischen unserer Uschi [Ursula Lingen, * 09. Februar 1928 in Berlin, † 20. Oktober 2014 in Wien, Schauspielerin] und meiner Hanne gekannt. Und die Hanne hing sehr am Theo, der immer Spaß machte und dafür sorgte, daß gelacht wurde. Ohne Lachen ist das Leben nichts für mich. Später sollte es uns leider völlig vergehen …

Ein Jahr nach Ihrer Scheidung, ich glaube, die war 1927, hatte Brecht seinen ersten ganz großen Erfolg mit der »Dreigroschenoper«. Im gleichen Jahr 1928 hat er wieder geheiratet, jedoch nicht die XY, sondern Helene Weigel.
Die war auch schon wieder schwanger von ihm. Na ja, wie hat er gesagt: »Laßt sie wachsen, die kleinen Brechts!«

Brecht hielt Wort; er unterstützte das junge Ehepaar Lingen, das seine Tochter Hanne aufzog.
Ja, das tat er. Ich sagte ja schon, er war nicht geizig, wie oft behauptet wird. Aber um zu geben, muß man erst mal haben. Hanne und Uschi wuchsen wie

Geschwister auf. Hanne wußte von Anfang an, daß Brecht ihr Vater war, daß er Deutschland in der Nazizeit verlassen mußte und eines Tages wiederkommen würde. Als die Nazis herausgefunden hatten, daß ich Halbjüdin war, gab es allerhand Ärger. Dem Theo rieten sie, er solle sich von mir scheiden lassen. Und die Tatsache, daß Hanne die Tochter des Kommunisten Brecht war, ließen sie uns auch spüren. Gottlob war Theo inzwischen so prominent geworden, daß sie es zunächst nicht wagten, uns anzugreifen. Später haben sie dann den Theo und mich eingesperrt. Mein Gott, diese Angst, die wir um die beiden Mädchen hatten – fürchterlich. Die Engländer haben Theo und mich befreit …

Ihre Tochter Hanne wurde Schauspielerin.
Eine sehr gute sogar …

Wie ist das Verhältnis heute zwischen Ihnen beiden?
Gut. Die Hanne ist keine einfache Person, müssen Sie wissen. Sie macht es sich und anderen nicht leicht. Sie spielt relativ selten, weil ihr die Rollen nicht zusagen, die man ihr anbietet. Als Erbin ihres Vaters ist sie vermögend geworden, und das will auch verkraftet werden. Soviel ich weiß, kauft und verkauft sie ständig irgendwo ein Haus oder läßt eines bauen.

Hat Brechts Geld ihre Tochter Hanne verändert?
Nicht nur das Geld, auch der Verlust ihres Kindes während ihrer inzwischen geschiedenen Ehe. Als sie mich zuletzt hier im Hotel »Vier Jahreszeiten« besuchte, war sie so dünn wie ich nach ihrer Geburt. Sie ißt nicht, sie trinkt nicht, ich mach' mir Sorgen.

Hat Brecht Ihre Tochter Hanne Hiob nach Ost-Berlin geholt?
Ich glaube nicht. Brecht hat jeden da gelassen, wo er war, so gelassen, wie er war. Er zwang niemanden, sich zu ändern. Er erwartete freiwilligen Gehorsam. Die Hanne hat aber in seinen Stücken an verschiedenen Bühnen mitgespielt.

Im Jahre 1931 spielte Theo Lingen unter der Regie von Bert Brecht im Staatstheater Berlin einen der Soldaten in dem Lustspiel »Mann ist Mann«. Peter Lorre war der »Galy Gay«, Helene Weigel war die »Begbick«. Sie erwähnten das bereits. Haben Sie die Aufführung gesehen?
Natürlich, und ich hab' sehr gelacht. Der Theo war glänzend. Der Aufführung ging ein lustiges Intermezzo voraus, das dem Brecht beinah' Prügel eingebracht hätte. Er hatte das Stück überarbeitet und setzte den Schauspielern während der Proben arg zu. Er sekkierte sie, wie man bei uns in Wien sagt. Das nervte die Schauspieler so sehr, daß der Alexander Granach, der Lorre und der Lingen von der Büh-

ne sprangen und den Brecht verhauen wollten. Er ist dann aus dem Theater geflüchtet und hat sich in einer Kneipe auf dem WC versteckt.

Brecht schätzte Theo Lingen als Schauspieler?
Sehr, das kann man sagen. Der Theo hat schon 1929 in der Uraufführung von »Happy End« gespielt. Da waren auch Songs drin, Text: Brecht, Musik: Kurt Weill. Caspar Neher hat das Bühnenbild geschaffen, und auf der Bühne standen Brechts Lieblingsschauspieler, der alkoholfreudige Homolka, Peter Lorre, Theo Lingen und der unvergeßliche Kurt Gerron, den die Nazis auch auf dem Gewissen haben. Im gleichen Jahr spielte der Theo noch in einem anderen Stück von Brecht, dessen Titel mir entfallen ist. *(Badener Lehrstück vom Einverständnis; W. E.)* Brecht hatte es selbst inszeniert und Theo Lingen persönlich geholt. Gerhart Hauptmann soll von dem Stück so entsetzt gewesen sein, daß er vorzeitig das Theater verlassen hat.

1932 spielte Theo Lingen in der Uraufführung von »Die Mutter« nach einem Roman von Maxim Gorki im Komödienhaus Berlin, dem späteren Theater am Schiffbauerdamm. Haben Sie eine Erinnerung an diese Aufführung?
Nein. Ich hatte ja zwei Kinder zu versorgen und wollte die Mädchen nicht allein zu Hause lassen, be-

sonders abends, so sind mir viele schöne Theateraufführungen entgangen.

Es fällt auf, daß die deutschen Dichter der zwanziger Jahre ein großes Publikum hatten und der Musik sehr zugetan waren. Man bevorzugte den verständlichen Text, man scheute tiefsinnige, hintergründige Formulierungen. Feuchtwanger gibt ein Beispiel in seinem Roman »Erfolg«: »Als das Saiteninstrument da war, ging Pröckl an die Tür und schaltete alles Licht ein. Dann stellte er sich mitten in den Raum, und hell, frech, mit schriller Stimme, häßlich, unverkennbar mundartlich, überlaut begann er zu dem Geklapper des Banjos seine Balladen aufzusagen. Es enthielten aber diese Balladen Geschehnisse des Alltags und des kleinen Mannes, gesehen mit der Volkstümlichkeit der großen Stadt, nie so gesehen bisher, dünn, böse, frech duftend, unbekümmert stimmungsvoll, nie so gehört bisher.«
Ist »Pröckl« der Brecht, den Sie kannten, den Sie liebten?
Ja, das ist er. Brecht war ein genialer, unsteter Mensch. Seine Fehler und Schwächen teilt er mit uns allen. Sie sind ihm vergeben.

Wissen Sie, was er auf die Frage einer Journalistin der Frauenzeitschrift »Die Dame«, welches Buch für ihn am meisten bedeutet habe, geantwortet hat?
Ja. Er sagte: die Bibel!

»Filmen, das ist für mich das wahre Leben.«

Schon mit 13 Jahren beginnt Romy Schneider, ihre Gedanken in einem Tagebuch niederzuschreiben. Ihre Texte sind Grundlage für diese Autobiografie, die das Bild einer großartigen Künstlerin und faszinierenden Frau zeichnet, die von sich selbst stets sagte: »Ich kann nichts im Leben, aber alles auf der Leinwand.«

Ein berührend persönliches Dokument, dessen Intensität jeden in seinen Bann zieht

Renate Seydel (Hg.)
Ich, Romy

ISBN 978-3-7844-3396-7 · Hörbuch: ISBN 978-3-7844-4187-0

Langen*Müller* www.langen-mueller-verlag.de

noch **IV. Aktiver**

	Im Kriege: Verwundungen und ernstere Krankheiten		
	Tag, Monat, Jahr	Art	Truppenteil, Kriegsschauplatz
	13.11.43	Sprenggeschoßeinschlag gefallen †	5./Lw. Jäger Rgt. 41 südl. bei [illegible]
			[illegible]
			Hauptmann u. Rgt.-Fhr.
29	beerdigt Heldenfriedhof Porchow /		
	Rußland Einzelgrab Nr. 2337,		
	Block VII., Reihe 6.		